교육평가의 탐구 ❷

교육평가의 확장

구원회 저

강현출판사

서 문

이 책을 쓴 목적은 교육평가의 이론과 실제를 비판적으로 분석하고, 바람직한 교육평가를 하기 위해서 무엇을, 어떻게 해야 할 것인가를 탐색하기 위해서이다.

「교육평가의 탐구 1: 교육평가의 내연」은 대학에서 교직을 이수하는 학생들에게 '교육평가'를 강의하기 위해 교재용으로 출판한 책이며, 이번 책 「교육평가의 탐구 2: 교육평가의 확장」은 교육평가의 이론적이면서도 실제적인 여러 가지 이슈들, 논쟁점들에 대해서 논의하고 다양한 주장들을 살펴보고 검토하기 위해서 쓴 책이다. 말하자면, 이 책은 일종의 교육평가에 대한 사고의 확장을 도모하기 위한 참고용 도서라고 할 수 있다.

이 책을 통해 평소에 교육평가 과목을 강의하면서 저자가 수집한 자료들을 종합하여 정리하고 체계를 구성하고자 했다.

이 책은 총 8장으로 구성했는데, 각 장의 주제들은 모두 교육평가에 직·간접적으로 연결되는 것들이다. 가령, 교육평가가 교육에 대한 평가, 교육적인 평가가 되어야 한다면 당연히 교육의 정의와 목적에 대한 탐구가 필요할 것이다. 또한 교육평가가 교육적인 평가가 되기 위해서는 더 나은 학교교육의 방향, 교육다운 교육을 위한 평가의 방향 등에 대한 탐구와 실천이 요구된다. 이처럼 각 장의 주제들은 교육평가의 이론적 측면을 확장한다는 의미를 담고 있다.

한편으로는 교육평가의 실제적인 문제들도 많이 있다. 예컨대, 교육평가체제를 혁신해야 한다는 주장은 계속해서 제기된다. IB 교육과정, 교육과정-수업-평가-기록의 일체화, 문해력을 어떻게 평가할 것인가 하는 문제, 고교학점제, 대학입시제도 개편 등은 교육평가 분야를 포함해 교육계는 물론 우리 사회 전체가 관심을 가지고 논의해야 하는 중요한 주제들임이 분명하다. 마지막 장에서는 교육평가의 과제와 미래 전망을 다루었다.

집필을 시작할 때의 바램은 교육평가에 대한 내 나름의 논리와 관점을 구체적으로 드러내고, 교육평가에서 무엇이 중요한지, 왜 중요한지, 그리고 우리는 교육평가에 대해 어떻게 생각하고 어떤 행동들을 해야 하는지 등을 잘 제시하고 싶었다. 평소에 강의하면서 자료들만 소개하고, 깊이있게 다루지 못하고 지나쳤던 문제들이 많아서 아쉬웠었는데, 이 책을 통해서 그러한 아쉬움을 약간이나마 해소했다는 점에서 부족함을 많이 느끼면서도 출판을 하게 되었다. 이 책에서 다룬 내용들로 학생들과 교육평가 시간에 활발한 토론을 할 수 있기를 기대한다.

이 책에서 다루지 못한 주제들도 있는데, 가령 주요 선진국의 교육평가 체제나 우리나라의 교육평가의 실제에 대한 통사적인 분석 등을 다루고 싶었으나, 그렇게 하지 못하였다. 미진한 부분에 대해서는 추후 개정을 통해 보완해 가고자 한다. 이 책의 출판을 위해 힘써주신 강현출판사의 오동석 사장님과 양현주 실장님을 비롯해 도움을 주신 모든 분들께 마음깊이 감사 드린다. 살아가면서 도움을 많이 받기 보다 도움을 주면서 살아가는 사람이 되고 싶은데, 학생들이 이 책을 읽고 교육평가를 비롯해 교육학에 대해 조금이라도 더 관심을 가지게 되고, 교육이 얼마나 인간에게 가치가 있는 과업인지를 알게 된다면, 그래서 교육의 가치를 실현하기 위해 끊임없이 노력하는 계기가 된다면, 저자로서는 그 이상으로 보람된 일이 없을 듯 하다. 상투적인 말처럼 들릴 수도 있겠지만, 정말 학문의 길은 끝이 없는 것 같다. 끝이 없어서 힘들고 지겨운 것이 아니라 가도 가도 길이 계속 이어진다는 점이 오히려 학문의 매력이 아닐까 싶다.

2024.12.

구원회

차 례

제 1 장

교육의 정의와 목적에 대한 성찰

1. 교육의 정의
2. 교육의 목적

제1장
교육의 정의와 목적에 대한 성찰

1 교육의 정의

'교육(教育)이란 무엇인가?'라는 질문을 해 본 적이 있는가? 질문은 그 대상에 대해 무언가 알고 싶을 때 하게 된다. 이 책의 독자를 비롯해 누구든 '교육(教育)이란 무엇인가?'라는 질문을 해 본 적이 있다면, 교육에 대해 무언가 알고 싶었기 때문일 것이다.

이 책에서의 '교육'은 일상에서 일어나는 교육의 실제를 가리키는 것이기도 하지만, 그보다는 '교육학'이라는 학문에서의 이론적 개념이나 정의를 말하는 것이다. 따라서 교육학에서 교육을 어떻게 정의하는지 살펴보고자 한다.

대개 교육학을 처음 배우는 이들은 대학에서 '교육학개론'이라는 교직 과목을 통해 교육의 정의를 접하게 된다. 그런데, 교육학개론에서 교육의 정의를 어원적 정의, 규범적 정의, 기능적 정의, 조작적 정의 등으로 다양하게 제시한다. 이하에서는 교육학개론에서 소개되는 교육의 여러 정의 방식에 대해 알아본다(김회용 외, 2014).

교육의 어원적 정의는 교육이라는 용어의 말뜻, 즉 어원(語源)에 따라 교육을 정의하는 것으로, 예를 들어 한자어 教育의 어원을 풀이하여, 교육은 '부모나 성인이 자녀나 아동을 지도하는 것이며, 미성숙하고 불완전하며 도움이 필요한 아동들이 성숙하고 완전하며 자율적인 사람으로 성장하도록 돕는 것'을 의미한다고 설명한다(김회용 외, 2014). 교육의 규범적 정의는 '인간이 행동하거나 판단할 때 마땅히 따르고 지켜야 할 가치 판단의 기준'으로서의 규범을 강조하는 것이며, 이에 따라 교육을 '가치있는 활동 또는 사고와 행동의 양식으로 사람들을 입문시키는 성년식(R. S. Peters, 1966)'이라는 정의를 규범적 정의의 일례로 제시한다. 교육의 기능적 정의는 교육 그 자체가 아니라 다른 무엇을 위한 수단이나 도구로 보는 관점을 따르는 것으로, 교육을 '자아실현의 수단'으로 정의하거나, 교육을 '국가 발전의 원동력이나 사회에 인력을 공급하는 것' 등으로 정의하는 것이다. 교육의 조작적 정의는 교육이라는 개념이 관찰되는 사태를 정의의 한 부분으로 포함하는 방식이며, 교육을 '인간 행동의 계획적 변화(정범모, 1976)'로 정의하는 것이 이러한 방식에 해당한다. 교육의 조작적 정의는 교육의 실제에서 의미가 있는 하위 개념이나 요소들로 교육을 규정하고 있으며, 어떤 현상이 교육인지 아닌지를 구별할 수 있게 해준다.

한편, 교육의 정의는 아니지만, 교육의 목적이 무엇인가에 따라 교육을 구분할 수도 있다. 일반적으로 교육의 목적은 내재적 목적, 외재적 목적, 가치중립적 목적으로 구분할 수 있다. 이홍우(2009)에 따르면 교육의 내재적 목적은 합리성 함양, 문명화된 삶의 양식으로의 입문, 학문적 사고방식의 습득 등이다. 외재적 목적은 교육 바깥에 있는 무언가를 목적으로 하는 것인데, 정치, 경제, 사회, 문화, 종교의 측면에서 중요한 무언가를 이루기 위한 수단으로 교육을 이용하는 것이다. 가치중립적 목적은 어떤 특정한 가치를 지향하는 것이 아니라 단순히 어떤 의도한 목적을 수행할 수 있다는 것만으로 평가를 하고 목적 도달 여부를 판단한다.

다른 한편으로, 교육의 기능이 무엇인가에 따라 교육을 구분할 수도 있다. 앞에서 교육의 기능적 정의를 언급했는데, 교육이 어떤 기능을 수행해야 하는가에 대한 관점에 따라 견해가 달라진다. 학교는 공식적인 교육기관이므로 학교 본연의 기능은 당연히 교육이다. 학교가 교육 기능을 수행하기 위해서는 다양한 기능도 함께 수반되어야 한다. 그러한 다양한 기능들 가운데에는 교육에 직접적으로 관련된 기능도 있고, 교육에 직접적으로 관련되지는 않지만 부수적으로 필요한 기능도 있다. 가령, 학교에서 교육이 이루어지기 위해서는 교육계획이 마련되어야 하는데, 교육계획을 수립하고 실행하고 실행 결과를 확인하고 전체 과정을 관리하고 조정하는 활동이 요구된다. 교육계획 수립에는 학교교육의 목표 설정, 목표 달성을 위한 교육내용의 선정과 조직이 포함되는데, 이러한 요소들을 가리켜 교육과정(curriculum)이라고 한다. 계획된 교육과정을 실행에 옮겨야 하는데, 이것을 수업(instruction)이라고 한다. 그리고 수업 후에 교육목표 도달 정도를 확인하고 교육적인 판단과 의사결정을 해야 하는데, 이것을 가리켜 교육평가(evaluation)라고 한다. 요약하면, 교육과정과 수업 그리고 교육평가는 학교교육에 직접적으로 관련된 기능이라고 할 수 있다. 이와 관련하여, 학생들의 상급학교 진학을 위한 서류를 작성하기 위하여 시험을 치르고(평가를 실시하고), 그 결과를 처리하는 일을 교육활동이라고 보기 어렵다는 견해를 지닌 학자들도 있다.

한편, 교육에 직접적으로 관련된 기능은 아니지만, 부수적으로 필요한 활동들이 여러 가지 있다. 가령, 학교를 운영하는 데 필요한 물자들(책상, 의자, 교육용 기자재, 건물 등 각종 시설과 장비)을 구비하는 한편, 조직을 구성하고 구성원에게 역할을 부여하고, 학교 운영에 필요한 규칙과 제도를 마련하고 관리하는 활동이 필요한데, 이를 교육행정 또는 교육경영이라고 한다. 교사들에게 담당 학급 및 담당 반을 배치하고, 업무를 분장하고, 교육청 등에서 오는 행정 서류들을 접수하고 처리하는 기능들이 요구된다. 이러한 기능은 교육적이라기 보다는 행정적이고 경영관리적 또는 경제적인 활동에 가깝다. 또한 학교운영위원회나 교무회의에서 주요 안건을 상정, 심의, 결정하는 활동은 정치적인 활동에 가깝다고 볼 수도 있다.

'학교는 죽었다(School is dead)'라는 책의 저자로 유명한 라이머(Reimer, 1971)는 다음과 같이 주장한 바 있다.

> 「일반적으로 사람들은 학교란 교육하는 곳이라고 생각한다. 그것은 교육이 학교에서 표방하는 이념이고 목적이기 때문이다. 학교에 대하여 오늘날까지 본격적인 비판이 없었던 것은 바로 이 '교육'이라는 용어의 의미가 사람마다 서로 달랐기 때문이다. 물론 학교가 다르면 거기서 하는 일도 다르겠지만, 오늘날의 모든 나라에서 학교들은 그 종류와 수준에 관계없이 다름과 같이 네 가지로 분해할 수 있는 사회적 기능을 수행하고 있다.
>
> 첫째, 학생을 보호하는 기능(custodial case), 둘째, 사회적 역할의 선별 기능(social-role selection)', 셋째, 이론이나 원리 혹은 사상을 주입하는 기능(indoctrination), 넷째, 지식과 기술을 개발시킨다고 하는 통상적인 의미의 교육(education) 기능이다.」

인용문에서 보면, 라이머는 우리의 상식이나 통념과는 다르게 학교의 사회적 선발 기능이나 사회화의 기능을 교육의 기능과 다른 것으로 구별하고 있다. 즉, 라이머가 보기에 학교에서 시험을 치르고 성적을 매기고 상급학교 진학을 돕는 활동은 교육의 기능이 아니며, 한 사회의 주요한 가치나 사상을 주입하여 사회가 원하는 사람들로 만들어가는 활동도 교육의 기능이 아니라는 것이다. 그가 보기에 학교의 교육 기능은 학생들에게 지식과 기술을 가르쳐 습득하게 함으로써 학생들의 성장과 발달을 도모하는 것이다. 이것이 바로 학교 본연의 기능인 것이다.

라이머의 주장은 학교가 어떤 기능들을 수행하고 있고, 그 기능들 가운데 교육적 기능이 무엇인가를 이해하는 데에는 도움을 주지만, 교육적 기능이 제대로 이루어지기 위해서는 무엇을 가르치고, 교육이 어떻게 이루어져야 하는지에 대해서는 별로 시사점을 제공하지 못하는 한계가 있다.

논의를 조금 더 진전하여, 학교의 교육적 기능이 잘 수행되기 위해서 무엇을 가르치고, 교육이 어떻게 이루어져야 하는지 살펴보자.

이와 관련하여, 영국의 교육사회학자 마이클 영(Michael F. D. Young)의 주장을 참고할 만하다. 최근 영(2010)은 학교의 본연적 기능은 학생들의 지적 발달을 도모하는 일이며, 지적 발달을 가장 확실하게 도모하는 방법은 강력한 지식(powerful knowledge)이라고 할 수 있는 '이론적 지식(theoretical knowledge)'을 가르치는 일이라고 주장하였다. 이하의 인용 내용은 허경철의 글을 통해서 영의 주장을 재구성한 것이다.

「학교에서 가르쳐야 하는 이론적 지식이 체계적으로 조직되어 있는 것이 '교과(subjects)'이다. 학교의 본연적 기능은 강력하고 힘있는 지식인 이론적 지식이 체계적으로 담겨 있는 교과를 가르쳐서 학생들의 지적 발달을 최대로 도모하는 것이다. 영은 지식(knowledge)과 경험(experience)을 구분한다. 지식은 '일상생활적 지식(everyday life knowledge)'과 '전문가적 지식(specialist knowledge)'으로 구분된다. 일상생활적 지식이란 일상생활의 구체적인 맥락에 한정되며,

구체적인 상황에만 적용되는 맥락의존적이며(context-dependent), 실제적이고(practical), 방법-절차적(procedual) 지식이다. 일상생활적 지식은 사물의 관계는 설명할 수 없으며, 일반적이며 보편적인 명제도 산출할 수 없다. 이에 비해 전문가적 지식(전문가의 짓기, 혹은 학자의 지식)은 특정 상황이나 맥락에만 한정되지 않는 맥락 독립적이며(context-in dependent), 이론적인(theoretical) 지식이다.

전문가적 지식은 여러 영역의 사태에 두루 일반적으로 적용할 수 있으며 보편적인 명제로 표현될 수 있다. 따라서 이 지식은 모든 건전한 판단의 기초로서 기능하며 과학적 지식의 근거가 되고, 새로운 지식 창출의 기초나 근거가 된다. 이와 같이 전문가가 보유하고 있는 이론적 지식은 모든 의미있는 새로운 지식 창출의 근거가 된다는 의미에서 이런 지식이 바로 '강력한 지식(powerful knowledge)', '힘 있는 지식'이 된다. 전문가의 이론적 지식은 학교에서의 교수와 학습과정을 통하여 의식적으로, 의지적으로 획득된다. 반면, 일상생활적 지식은 일상의 생활 경험을 통하여 거의 무의식적으로 얻어진다. 의식적으로 노력하지 않아도 경험을 통하여 자연적으로 획득되는 지식이다.

영의 주장에 따르면, 학교는 학생들이 일상생활의 경험을 통하여 거의 무의식적으로, 그리고 자연스럽게 배울 수 있는 지식이나 경험은 굳이 가르칠 필요가 없다. 학교는 가정이나 사회 등 학교 이외의 여타 생활세계의 경험을 통해서는 배울 수 없는 것들을 가르쳐야 하며, 그러한 것들을 가르치는 것이 학교의 임무이다. 학교에서 교육을 통하지 않고서는 학생들이 도저히 배울 수 없는 것은 바로 특정 대상이나 영역에 대한 전문가의 이론적 지식이다. 따라서 학교의 본연적 기능은 학생들에게 전문가들이 생산한 이론적 지식을 잘 가르치는 것이다. 학자들의 이론적 지식을 가르쳐야만 하는 중요한 이유는 그러한 지식만이 새로운 지식을 창조해내며 삶의 복잡한 상황에서 지혜로운 판단을 가능하게 하는 원천이기 때문이다. 여기서 한가지 유의해야 할 점은, 영은 일상생활적 지식이 학교교육에서 무용하다고 주장하지는 않는다는 것이다. 그는 일상의 생활 경험을 통해 학생들이 자연스럽게 배우는 일상적 지식도 교육의 과정에서 중요한 역할을 수행한다고 본다. 기본적으로 일상생활적 지식과 전문가적 지식은 서로 다른 종류의 지식이며, 각각은 학교교육의 과정에서 서로 다른 역할을 수행한다고 본다. 전문가의 이론적 지식은 학교교육의 내용이며 목표가 된다. 교사는 이러한 지식을 잘 가르쳐야 하며 학생들의 임무는 이러한 지식을 잘 배우는 것이다. 잘 가르치고 잘 배우는 것이 학교교육의 본연의 임무이다. 학교교육의 내용과 목표가 되는 이러한 지식들은 특정 영역의 학문공동체에 속하는 전문가들의 탐구 활동을 통해 생성된 지적 결과물이며, 가장 믿을만한 지식의 원천들이다. 이러한 지식들을 학교교육의 상황에 맞게 체계적으로 재조직한 것을 교과(subjects)라고 부르며, 이러한 교과들을 합목적적으로 조직한 체계를 교육과정(curriculum)이라고 부른다. 이렇게 보면, 학교 교육과정은 교과들의 집합체이며, 교과는 이론적인 지식들의 조직체이다. 교과는 학생들의 일상 경험을 초월한 요소로서 학생들이 일상의 사태를 통해서는 배울 수 없고 학교교육에서의 수업이라는 과정을 통해서만 제대로 배울 수 있는, 그리하여 학생의 입장에서 보면 '외부적으로 주어지는' 배움의 대상이 된다(허경철(2018)의 글에서 재인용).」

이상의 논의를 통하여, 학교의 본래적 목적은 학생들의 지적 발달을 도모하는 것이며, 지적 발달을 도모하기 위해서는 전문가적 지식을 가르쳐야 한다는 주장을 검토해 보았다. 이러한 주장에 동의할 것인지 말 것인지는 각자의 교육적 신념에 따라 다를 것이다. 하지만, 학생들의 지적 발달을 도모하기 위해서는 어떠한 종류의 지식이든, 그것은 중요한 지식이어야 만 하고, 그러한 지식은 반드시 가르쳐져야만 한다는 주장에는 이견이 별로 없을 것이다.

2 교육의 목적

이상에서 살펴본 바와 같이 교육은 그것을 정의하는 방식에 따라 다양한 의미를 지닌다. 앞절에서 살펴본 교육의 어원적, 규범적, 기능적 정의, 조작적 정의 등은 모두 어떤 지향점이 있다는 점에서 교육의 목적을 함의하고 있다. 또한 마이클 영(Michael F. D. Young)이 주장한 강력한 지식, 힘있는 지식, 전문가의 이론적 지식이라는 개념도 어떤 지향점을 담고 있다. 이 절에서는 국내 여러 학자들의 견해를 중심으로 교육의 정의와 관련된 교육의 목적에 대해 논의한다.

교육의 목적은 "교육을 왜 하는가?" 혹은 "왜 가르치고 왜 배우는가?"라는 질문에 관련된다. 교육의 목적은 흔히 교육의 이념, 교육의 목표와도 같이 의미로 쓰인다. 교육 이념이라고 했을 때, 교육의 이념(理念)이란 흔히 모든 인간 활동을 총괄하는 최고의 이상(理想) 또는 최고의 선(善)을 뜻한다(정범모, 2009). 우리 교육법에 규정한 홍익인간, 민주주의, 인류공영 등이 한국교육의 모든 것이 지향해야 할 교육 이념이다. 그러나 교육이념은 교육실천에 어떤 방향감 내지 지향성은 주지만, 너무 '멀고 높은 곳'에 있어서 교사가 교실에서 이루어내야 할 구체적인 교육목표를 제시해 주지 못한다. 그래서 교실 수업을 위해서는 교육이념 보다는 의미가 좀 더 분명하고 구체적인 교육목표가 제시되어야 한다.

교육목적은 교육의 사명(해야 할 일), 기능 또는 역할이라고 해도 무방하다. 많은 학자들은 교육의 목적이 사람다운 사람을 길러내는 것이라고 한다. 이것은 교육이 사람을 사람답게 길러내는 기능을 해야한다는 의미를 담고 있다. 교육의 목적으로는 인격 함양, 자아 실현, 사회 개조, 국가 발전, 인류 공영에 기여 등이 제시되는데, 이것들은 모두 교육의 기능과 역할 또는 사명을 가리킨다.

교육목표는 교사가 학생을 가르쳐서 달성하고자 하는 학생의 어떤 학습의 성과 또는 결과를 뜻한다. 즉 교육목표는 교사가 가르치고 학생이 배운 결과로써 학생이 이전과 비교하여 무엇을 할 수 있게 되었고, 무엇이 나아졌는지를 보여줄 수 있는 개념이다. 교육의 네 가지 정의 방식 가운데 특히 조작적 정의가 바로 이러한 교육목표를 구체화할 것을 강조하는 방식으로 정의된 것이다.

교육의 이념, 교육의 목적, 교육의 목표 등 용어는 서로 다르지만, 이 용어들은 모두 교육을 왜 해야 하는지, 교육을 하는 이유가 무엇인지에 대한 견해들을 담고 있음을 살펴보았다.

이하에서는 삶의 목적과 교육의 목적간의 차이를 살펴본 후, 교육의 목적에 대한 국내외 여러 학자들의 견해를 개괄해 본다.

삶(Life)의 목적은 어떻게 살아야 하는가에 대한 것이다. 인간이 태어나서 자라고 커서 어떤 인간이 되고, 어떻게 살아가는가, 무엇을 위해 살아가는가 등이 삶의 목적이 담고 있는 의미이다. 삶의 목적은 각자의 삶에 대한 가치관에 따라 달라질 수 있다. 어떤 사람은 행복하게 사는 것을 삶의 목적으로 삼을 수 있고, 어떤 사람은 부와 명예를 습득하고 출세하는 것을 삶의 목적으로 삼을 수도 있으며, 또 어떤 사람은 자기 자신보다 타인과 사회, 국가, 또는 인류의 평화를 삶의 목적으로 삼을 수도 있을 것이다.

삶의 목적과 교육의 목적이 일치해야 하는가? 삶은 우리가 살아가는 모든 영역을 포괄하는 것이고, 교육은 삶의 여러 영역 가운데 교육이라는 특정한 분야에 한정되므로 삶의 목적과 교육의 목적이 동일해야 한다고 볼 수는 없다. 즉 삶의 목적이 모두 교육의 목적이 될 수는 없다. 특히 학교교육은 일정 기간 동안에 특정한 내용을 중심으로 가르치고 배우는 활동이 이루어지기 때문에 모든 삶의 목적이 학교교육의 목적이 되어야 하는 것은 아니다. 물론 바람직한 삶의 목적이라고 한다면 그것은 교육의 목적과도 관련될 수 있으며, 학교교육의 목적에 반영될 수도 있다. 이하에서는 국내외의 교육학자들을 중심으로 여러 가지 교육의 목적에 대해 살펴본다(이하 내용은 손승남 외(2019)의 책 296-313쪽에서 주요 부분을 발췌 인용한 것임).

1) 프링의 '교육받은 인간'

인간만이 갖는 독특한 자질이나 성취가 있다. 이런 인간적 자질을 최대한 발휘하는 삶을 가리켜 인간다운 삶이라고 말할 수 있다. 인간다운 삶을 위해 길러지고 발달될 필요가 있는 것들이 많은데, 이것들을 '교육받은 인간'의 특성이라고 볼 수 있다. 또한 이것을 '교육의 목적'으로 삼을 수 있다.

(1) 지적인 발달

교육은 인간의 지적 사고, 지성의 발달에 관심을 둔다. 교육은 인간이 거주하는 물리적·사회적·경제적·도덕적 세계에 관해서 비판적으로 사고하고 이해하며, 그런 세계들 안에서 지적으로 행동하는 능력에 관심을 둔다.

(2) 실천적 능력

이론적 지식과 실천적 능력은 균형을 이룰 필요가 있다. 실천적 능력은 실제적 문제에 직면하여 이를 해결하는 능력이다. 교육은 창의적 기능 발휘, 과제 수행 및 완수 능력, 일상생활을 이끌어 가는 능력을 중시해야 한다. 교육은 학생들이 졸업 후 자신의 삶을 자율적으로 영위해 가도록 준비시키는 일을 소홀히 해서는 안 된다.

(3) 공동체 참여

공동체 의식이란 공동체 속에서 겪게 되는 경험이나 비판으로부터 학습하고, 공동체의 지속적 성장에 공헌하는 실천적 방법과 성향을 의미한다. 공동체는 우리 각자의 삶을 형성하는 것이지만 구성원의 사고와 활동에 의해서 형성되는 것이기도 하다. 따라서 공동체 의식의 함양과 헌신을 기르는 것은 교육의 중요한 목적이다.

(4) 도덕적 성실성

인간됨의 독특한 점은 자신이 옳다고 믿는 바에 따라서 자신의 삶을 형성해 가는 능력이다. 어떤 삶이 가치 있는 것인지, 직업이나 여가 활동에서 어떤 것을 추구할 것인지, 신성한 의무는 어떤 것인지를 묻는 것이 바로 도덕적 성실성이다. 이를 위해서 교육은 학생들이 도덕적인 덕과 지적인 덕을 함양하도록 도울 필요가 있다.

(5) 탁월성 추구

학교의 교육적 사명은 학생들이 큰 뜻을 품고, 여러 가지 형태의 탁월성을 추구하며, 자신의 현재 상태를 넘어서기 위해 노력하는 이상을 추구하도록 이끌어 주는 것이다.

(6) 자아인식

교육의 핵심은 학생들로 하여금 자기 자신, 자신의 장단점, 자신의 열망, 사회에 기여할 수 있는 자신의 공헌, 그리고 자신이 만족할 수 있는 일을 알게 하는 것이다.

(7) 사회정의

교육받은 개인은 사회에 기여하고, 좋은 시민 및 능동적인 시민이 되는 데 필요한 지식과 성향을 발달시킬 것이다. 교육은 개인의 자율성과 진보에 기여할 뿐만 아니라, 그런 개인이 자아를 실현할 수 있는 공동의 휴머니티의 실현을 위해서도 기여해야 한다.

2) 나딩스의 행복을 위한 교육

미국의 교육철학자 나딩스(N. Noddings)는 '삶의 목적은 행복이며, 행복은 교육의 목적이 될 수 있다'고 주장한다. 나딩스(2008)가 볼 때, 행복이란 기쁨, 즐거움, 쾌락이 많고 고통, 슬픔이 적은 삶이다. 행복을 이처럼 간단히 정의할 수 있지만 행복에 관한 구체적인 견해는 사람에 따라서 아주 다양할 수 있다. 따라서 나딩스는 학생들로 하여금 행복에 관한 다양한 견해를 이해하도록 함으로써 각자의 행복관을 모색하고, 또 추구하게 하는 일이야말로 교육의 가장 중요한 과업이라고 주장한다.

나딩스는 행복한 삶을 찾을 수 있는 영역을 행복의 원천이라고 보고 이를 크게 두 가지로 구분한다. 하나는 개인의 사적 영역이고, 다른 하나는 직업과 같은 공적 영역이다. 첫째, 개인 생활에서 우리가 찾을 수 있는 행복은 가정 만들기, 장소와 자연에 대한 사랑, 아이 키우기(부모 역할), 인격과 영성, 대인관계 등에서 우리는 행복을 얻을 수 있다. 둘째, 나딩스는 일(직업), 공동체(지역사회) 안에서의 민주주의적 삶이나 봉사활동, 학교나 교실 생활 등 공적 생활에서 우리가 행복을 찾을 수 있다고 주장한다.

3) 화이트의 잘삶을 위한 교육

영국의 교육철학자 화이트(J. White)는 교육의 목적을 하나의 포괄적 형태로 제시하고 있다는 점에서 나딩스와 비슷하다. 그는 포괄적인 교육의 목적을 개인의 잘삶(well-being)의 증진으로 본다. 화이트는 개인의 잘삶을 강조하지만 그것이 결코 이기적인 차원의 잘삶을 의미하는 것은 아니다. 내가 나의 잘삶을 추구하는 것처럼 다른 사람들도 그의 잘삶을 추구할 수 있어야 한다. 따라서 개인의 잘삶 추구는 자기 자신만의 잘삶이 아니라 타인의 잘삶도 고려하면서 혹은 함께 잘삶을 추구함으로써 잘삶을 영위할 수 있는 것이다. 화이트의 잘삶관은 자신의 잘삶만을 추구하는 배타적인 자기이익 추구에 비판적이지만, 그렇다고 타인의 잘삶을 위해 자신의 잘삶을 희생하는 이타주의를 옹호하지는 않는다.

그렇다면 각자가 잘삶을 영위한다는 것은 무엇을 의미하는가? 여기에는 두 가지 차원이 있는데, 하나는 자신의 기본적 필요가 충족되어야 한다는 차원이고, 다른 하나는 그 바탕 위에서 자신의 '가치 있는 추구'에 몰두한다는 차원이다. 가치 있는 추구에 몰두하는 삶을 화이트는 "가치있는 활동과 관계에 전심으로, 성공적으로, 자율적으로 몰두하는 삶"이라고 설명하고 있다. 그렇다면 타인의 잘삶을 위해서 우리가 관심을 가지고 애써야 할 것들은 무엇인가? 그것은 우리가 사회적·시민적·경제적 차원에서 관계를 갖고 참여하고 공헌해야 할 것들을 가리킨다. 이를 사회적 관계, 시민적 참여, 경제적 공헌으로 구분할 수 있다. 화이트는 잘삶의 증진을 위한 교육이 전통적인 지적 교과 중심의 학교교육을 개혁할 수 있는 대안이라고 생각하고 교육목적을 구체화하여 제시하고 있다.

첫째, '자신의 잘삶'을 위해서 교육이 해야 할 일은 무엇인가? 부모나 교사가 자녀나 학생의 잘삶을 위해서 도와주어야 할 일들은 어떤 것일까? 그것은 학생들의 기본적 필요를 충족시켜 주는 차원과 그 터 위에서 가치있는 추구에 몰두하도록 돕는 일이다. 기본적 필요에 속하는 것들은 다음과 같다.

- 건강한 생활을 이해하고 건강한 생활습관을 갖는 것: 다이어트, 운동, 안전, 정서적 안녕
- 금전 관리 및 장래 생활 준비를 위해서 결정 능력을 갖추는 것
- 현명하고 냉철한 소비자가 되는 것
- 만족스런 삶의 기본 요건이 무엇인지를 이해하는 것: 건강, 음식, 맑은 공기와 물, 주택, 소득, 교육, 평화로운 사회, 자유

이런 내용들이 기본적으로 갖추어지고 나면 그 토대 위에서 비로소 가치있는 추구(자아실현)가 제대로 이루어질 수 있다. 아이들이 가치 있는 활동이나 관계를 잘 추구하면서 살아가도록 도와주려면 무엇이 중요할 것인가? 이를 다음과 같이 여섯 가지로 제시할 수 있다.

- 가치있는 활동을 다양하게 경험하는 것: 지역사회 봉사, 문예활동, 지식 탐구, 이웃돕기, 여러 사업이나 기업, 스포츠와 운동, 제작 활동, 자연 보호 등
- 앞의 활동 중에서 일부 활동을 선택하여 더욱 충실하게 몰두하는 것
- 선호하는 활동들에 전심을 다하여 참여하는 것
- 현재 혹은 미래의 삶에서 친밀한 관계나 배려하는 관계를 맺고

유지하는 것

• 앞의 사항을 위해서 필요한 지식과 이해를 습득하는 것

둘째, '타인의 잘삶'을 도와주려면 어떻게 해야 하는가? 이를 사회적 차원, 시민적 차원, 경제적 차원으로 나누어 생각해 볼 수 있다. 먼저, 사회적 차원에서 학생들이 배워야 할 것들은 다음과 같이 네가지로 제시할 수 있다.

• 공동의 목표를 달성하기 위해서 타인들과 협력하여 일하고 다양한 역할을 수행하는 것을 즐기는 것
• 여러 상황에서 다른 사람들과 적절하게 관계를 맺고 의사소통을 하는 것
• 대인관계에서 발생하는 갈등을 이해하고 처리하며, 적절하게 타협하고 타결하는 것
• 인간의 본성, 공통점, 다양성, 고상함, 심오함, 그리고 인간이 자연 질서의 다른 부분들과 갖는 관계를 성찰하는 것

또, 시민적 차원에서 학생들이 배워야 할 것들은 다음과 같이 여덟가지로 제시할 수 있다.

• 학교, 이웃, 지역사회 및 더 넓은 세계 속에서 도움이 될 수 있는 역할을 수행하는 것
• 학교와 지역사회 안에서 민주주의를 실천하기 위해 참여하는 것
• 국가와 세계에서 나타나는 문화적·공동체적 다양성을 이해하고 존중하는 것

- 자신과 타인들이 시민으로서 가져야 할 권리와 책임을 인식하는 것
- 현대 민주주의 사회에서 미디어의 사회적 역할과 영향력을 비판적으로 평가하는 것
- 현대 세계를 이해하고 자기 나라의 세계 속 위상을 파악하는 것
- 과학 발전, 기술의 변화, 사회 변동으로 생기는 윤리적 쟁점을 어느 정도 파악하는 것
- 학교교육이 어떤 목적에 기여하고 있고, 어떤 것을 더 중시하는지 비판적으로 성찰하는 것

마지막으로, 경제적 차원에서 학생들이 배워야 할 것들을 다음과 같이 일곱 가지로 제시할 수 있다.

- 재화와 서비스의 생산을 위해서 협력적으로 일(작업)하는 것
- 노동자와 고용주의 권리를 파악하는 것
- 국가적으로 또 세계적으로 부가 창출되고 분배되는 과정을 비판적으로 검토하는 것
- 개인, 조직, 공동체가 지역, 국가, 지구 차원에서 경제적으로 상호 의존하고 있음을 이해하는 것
- 학생들이 선택할 수 있는 직업의 범위를 폭넓게 이해하는 것
- 노동의 형태와 전망에 대해서 과학, 기술, 세계시장이 미치는 영향을 파악하는 것
- 생활양식의 선택과 경제 위주의 개발이 환경에 미치는 영향을 지역적 혹은 세계관으로 이해되는 것

이처럼 화이트의 교육목적론은 잘삶의 증진이라는 포괄적 목적을 상세하게 구체화 시키고 있음을 알 수 있다. 그는 오랫동안 교육의 목적으로 잘삶의 증진을 주장하여 왔지만, 그것이 학교교육에 크게 영향을 미치지 못한 이유는 기존의 교과 중심 교육과정의 틀이 너무 견고하기 때문이라고 생각했다. 또한 교육목적의 변화가 실제 교육에 큰 영향을 미치지 못하는 것은 포괄적 목적에서 구체적이고 세부적인 목적과 목표로 이어지는 목적들 간의 논리적 연관성이 치밀하지 못하기 때문이라고 주장하였다. 이런 문제점들을 극복하기 위한 대안으로 화이트는 앞의 내용과 같은 목적의 구체화를 시도하였다.

이 장의 통해서 교육의 여러 가지 정의와 다양한 교육의 목적에 대해서 살펴보았다. 교육평가의 측면에서 교육평가의 목적은 이러한 교육의 정의와 목적에 깊이 관련되어 있으며, 교육평가의 전 과정에서 교육의 정의와 목적에 대한 고려가 필요하다. 다음 장에서는 더 나은 학교교육에 대하여 알아본다.

제 2 장

더 나은 학교교육을 위하여

1. 한국 학교교육의 문제 진단
2. 한국 학교교육의 문제에 대한 긴급 처방

교육평가의 탐구 ❷
교육평가의 확장

제2장
더 나은 학교교육을 위하여

이 장의 주제는 '더 나은 학교교육'이다. 이것을 주제로 삼은 이유는 저자가 현재 우리나라의 학교교육에 어떤 문제가 있고, 그 문제를 해결하기 위해서는 지금보다 더 나은 학교교육이 되어야 한다고 보기 때문이다. 쉽게 말해 다양한 교육 문제를 해결하기 위한 근본적인 대책은 결국 학교교육을 더 제대로 잘 하는 것 밖에 없다고 보는 것이다.

저자의 이러한 주장이 타당하기 위해서는 현재 한국교육의 문제가 무엇인지 밝히고, 그 문제를 해결하기 위해 제안된 방안들이 무엇이며, 그러한 방안에 더 나은 학교교육에 대한 대책이 포함되어 있는지를 깊이있게 살펴보아야 할 것이다. 그러나, 이 책에서 그러한 내용들을 모두 상세하게 다루기는 어려우므로 대략적으로 현재 한국 학교교육의 문제에 관한 진단과 처방을 짧게 언급한 후, 더 나은 학교교육의 핵심에 대해서 짧게 논의할 것이다.

1 한국 학교교육의 문제 진단

현재 2020년대 중반에 있는 한국의 학교교육에 어떤 문제가 있는가? 한국교육개발원(KEDI)이 2017년에 실시한 교육여론 조사 결과에 의하면, 학부모들에게 자녀교육에 성공했다는 것을 무엇을 의미하는지 물었을 때, 그들은 가장 높은 비율로 좋은 직장에 취업하는 것을 꼽았다(임소현 외, 2017). 이와 같은 교육에 대한 도구적 관점을 비난하기 어려운 것은 현대사회에서 개인의 직업지위가 그의 사회경제적 성취를 보여주는 가장 중요한 척도 중 하나이며 이러한 직업지위 배분에 결정적인 역할을 하는 것이 대학을 포함한 학교교육이기 때문이다. 그럼에도 불구하고 교육의 본질에 대해서는 관심이 없고 오직 학교교육의 결과로 얻어지는 사회적 성취에 대해서만 관심을 가지는 세태는 우려할 만하다.

한편, 치열한 입시경쟁을 치러야만 하는 한국 중등학교 학생들의 심리적 안정은 매우 위험한 수준이라고 진단할 수 있다. 2016년에 한국청소년상담복지개발원에서 수행한 연구에서 위기학생의 비율로 고위험군과 위험군이 2.2%, 잠재적 위험군 14.9%로 합계 17.1%로 조사되었다. 특히 위기·취약 청소년들 중에서는 13.1%가 고위험군과 위험군, 29.5%가 잠재적 위험군으로 42.6%가 위기를 경험하고 있는 것으로 나타났다(황순길 외, 2016). 여기서 '위기청소년(At-Risk Youth)'이란 가정 문제가 있거나 학업 수행 또는 사회 적응에 어려움을 겪는 등 조화롭고 건강한 성장과 생활에 필요한 여건을 갖추지 못한 청소년을 말한다(청소년복지지원법 제2조 4호). 다시 말해 개인적 가족적 교육적 사회적 위기 상황에 처해 있거나 그러한 위기 상황에 노출될 가능성이 있는 청소년으로서 적절한 개입이 없이는 정상적인 발달은 물론 학교생활이나 직업생활을 영위해 나가기 어려운 청소년을 말한다. 최근 정신건강 요인에 의해 위기를 겪고 있는 학생들이 증가하는 추세이다.

한국방정환재단이 매년 시행하는 「한국 어린이·청소년 행복지수: 국제비교연구 결과보고서」에 따르면 2017년 자살 충동을 한 번 이상 경험한 비율은 초등학생 18.5%, 중학생 22.3%, 고등학생 26.7%로 나타났고, 세 번 이상 충동을 느낀 위험군 비율도 초등학생 5.6%, 중학생 6.5%, 고등학생 9.1%로 나타났다(염유식 외, 2017). 자살 위험군 비율이 2018년 학생 정서·행동특성 검사 결과 1.3%를 훨씬 상회하고 있으며, 특히 초등학생의 비율이 점점 증가하고 있다. 자살은 우리나라 어린이·청소년 사망원인 1위이다. 2020년 한 해 동안 사망한 9-24세 청소년의 숫자는 1,909명인데 10년째 사망원인 1위가 고의적 자살(11.1%)이다(여성가족부 보도자료. 2022 청소년 통계. 2022. 5.25.).

사교육 시장의 확대와 이로 인한 사교육비 부담은 한국 사회에서 가장 고질적인 교육 현안 중 하나이다. 학교의 교육과정을 무색하게 만드는 선행학습의 유행은 물론, 학원 밀집 지역의 부동산 가격 상승은 사교육 문제가 단지 교육 분야에만 국한된 것이 아닌 전체 사회경제적 현안임을 보여주는 현상이기도 하다(황규호 외, 2020; 344쪽). 정부가 직간접적인 방식으로 사교육을 규제하는 이유는 지나친 사교육비 지출이 가계경제에 큰 부담이 되기 때문이다. 이는 나아가 사교육이 입시경쟁의 공정성을 해친다는 메시지를 담고 있다. 우선 초중고등학교 학생들의 사교육비 총액은 1960년대 후반부터 꾸준히 증가해, 1997년 외환 위기 직후, 그리고 2008년의 세계금융위기 여파로 인한 경기 침체 기간을 제외하고는 팽창일로에 있다. 2019년 기준 사교육비 총액은 약 21조 원으로, 이 수치는 정부 예산의 약 20분의 1에 해당하는 규모이다(통계청, 2020). 이와 같은 사교육비 규모를 다른 국가와 비교해 보면 어느 정도 수준인지 파악하기 쉬운데,

2012년 기준 우리나라 가계 소비지출에서 교육비가 차지하는 비중은 6.7%로 미국 2.4%, 일본 2.1%, 영국 1.5%, 독일 1.0%, 프랑스 0.8% 등 주요 선진국에 비해 매우 높은 수준임을 알 수 있다(황규호 외(2020)의 「11장 사교육 확대는 학교 실패의 증거인가(김안나)」 중에서, 344-345쪽).

이와 관련하여, 한국의 중산층 가정이 자녀들의 사교육 때문에 얼마나 휘청거리는지를 여실히 보여주는 신문기사를 하나 읽어보자.

「이미숙(가명·46 서울·영등포구)씨 가족의 지난달 생활비는 130만여 원이었다. 남편과 두 딸, 아들 하나까지 다섯 식구의 생활비로는 턱없이 모자란다. 보건복지부가 새로 정한 2010년의 5인 가족 최저생계비 161만 5,263원에도 못 미친다.

이 씨의 남편은 중소기업 팀장으로 월급이 400만원 정도다. 작은 피자가게를 운영하는 이 씨 역시 한 달에 200만원 정도의 수입을 올린다. 돈이 어디로 간 걸까?

"수입의 절반 가까이를 교육비로 쓰는 것 같아요. 방학 때는 특강이다 뭐다 해서 두 배로 들기 때문에 더 힘들죠. 평상시에 모았던 돈을 방학 때 털어 써요."

이씨의 큰딸은 올해 고3이다. 대학수학능력시험(수능) 유형에 익숙해지라고 지난달에 실전문제풀이 학원에 12만원을 주고 보냈다. 방학이라 과학탐구에 40만원이 따로 들었고, 평소에 하던 수학·영어·국어에 100만원 등 모두 260만원을 지출했다.

"고 3은 특히 그렇죠. 주변을 봐도 150만~200만원은 기본인 것 같아요."

중학교 2학년이 되는 아들은 과학고를 준비하는 탓에 수학·과학 등에 118만원이 나갔다. 막내는 아직 공부에 흥미가 없어서 지출이 적은 편이지만, 그래도 셋을 합하니 463만원이다. 지난달 수입의 거의 80퍼센트에 육박한다.

"내신 성적이 성에 차지 않으니 수능을 잘 봐서라도 정시로 대학을 가야 해요. 120만원이 들더라도 학원을 보낼 수 밖에 없어요. 조금만 더 시키면 성적이 오를 것 같은데……. 사교육을 시키는 엄마들 마음은 다 마찬가지에요."(이 기사는 김종철(2011)의 책 '교육인가, 사육인가' 14-15쪽에 실려 있으며, 원문은 '진명선, '아이 셋 학원비로 수입 절반 지출'. 『한겨레』, 2010년 2월 19일자 기사임)」

한편 이렇게 사교육을 많이 받는 한국의 초·중등학교 학생들의 일상은 어떨까? 그 단면을 볼 수 있는 기사 한 편을 더 보겠다.

「서울 강남의 한 초등학교 6학년 신모(12)군. 저녁 식사 후 책을 읽거나 컴퓨터 게임을 즐길 시간에 초등생 전문 영어학원에 있었다. (2009년 3월) 6일 오후 9시 40분께 강남구 대치동 영어 학원 건물 1층 엘리베이터 문이 열리자마자 초등생들이 쏟아져 나왔다. 국제중 대비반 수업을 끝낸 신 군은 자신을 데리러 온 엄마에게 지친 표정으로 투정을 부렸다. "학교 숙제도 다 못했는데 학원 숙제까지 하고 자면 또 12시가 넘겠지?" 엄마 최 모(41)씨는 '국제중에 가려면 그 정도는 감수해야 한다'는 말로 겨우 아들을 달래고 집으로 발걸음을 옮겼다.

올해 서울에 두 곳의 국제중이 문을 연 이후, 대치동, 목동 등 서울 지역 주요 학원가는 국제중 열풍이 거세다. 초등생들이 고3 수험생처럼 한바탕 입시전쟁을 치르고 있다.

신 군 엄마는 개학과 동시에 아들의 '국제중 대비 공부 일정표'를 새로 짰다. 학교에서 돌아오면 오후 3시 30분까지 영어 학원으로 달려간다. 월·수·금요일에는 영어 단어 책과 문법책 등을 활용해 원어민

강사의 영어 수업을 받는다. 사회와 과학은 미국의 초등학교 6학년 교과서가 교재다. 수요일에는 토론과 에세이 집중 수업이 있다.(이 기사는 김종철(2011)의 책 '교육인가, 사육인가' 15-16쪽에 실려 있으며, 원문은 '허정헌, '국제중 보내려 초6 들볶고… 외고 넣으려고 엄마도 녹초…', 『한국일보』, 2009년 3월 9일자 기사임)」

2009년에 밤 10시 이후 학원교습을 금지한 서울과 부산의 지방자치단체 조례에 반대하여 학부모와 학원연합회가 제기한 헌법소원에 대해 헌법재판소 재판부는 해당 조례가 헌법상 기본권을 침해하지 않는다는 판결을 내렸다. 당시 헌법재판소 전원재판부는 서울과 부산의 학원운영자, 학부모 등이 "심야에 학원수업을 금지한 조례는 헌법상 자녀교육권, 직업의 자유·평등권을 침해한다"며 헌법소원을 냈다. 이에 대해 헌법재판부는 "학원교습시간을 오전 5시~오후 10시까지 규정한 조례는 합헌"이라고 밝혔다. 다만, 헌법재판관 4인은 위헌 의견을 내기도 했다.

재판부는 "학원 교습시간 제한을 통해 학교교육을 정상화하고 학생들의 수면· 휴식기간을 확보하고, 학부모의 경제적 부담을 덜어주려는 입법 목적은 정당하다"고 밝혔다. 이어 "학생들이 학교의 야간자율학습 대신 학원 등의 수강을 선택하는 것이 금지되는 것도 아니고 오후 10시 이후에 개인과외교습을 받는 것을 금지하는 것도 아니므로 과도한 기본권 제한이나 차별이라고 볼 수도 없다"고 밝혔다. 재판부는 "이 조항으로 얻게 되는 공익이 제한으로 생기는 사익보다 더 크다"며 헌법이 지방자치단체의 자치 입법권을 인정한 이상 서울과 부산지역 주민들이 더한 규제를 받게 되었다고 하더라도 평등권 침해로 볼 수 없다"고 덧붙였다. 반면 위헌 의견을 낸 재판관들은 "학생들의 상황, 교습 형태나 내용을 전혀 고려하지 않고 보호자의 동의가 있더라도 밤 10시 이후의 교습을 전면 금지하는 것은 기본권을 과도하게 제한하는 것"이라며 반대 의견을 냈다. 또 "심야 학원교습을 제한하면 오히려 사교육비 증가, 고액 개인 과외교습 유발로 인한 경제적 불평등을 야기하게 될 것"이라며 "진학경쟁이 전국적으로 이뤄지는 상황에서 서울과 부산만 제한하는 것은 교습 기회를 박탈하는 것"이라고 말했다.

이하의 내용은 김종철(2011)의 책에 실린 것이다. 2020년대 중반인 지금 학교의 모습은 어떨까?

「내 친구들과 후배들 중에는 중고등학교 교사로 30년 또는 25년 넘게 일한 이들이 여러 명 있다. 하지만 정년이 되기 전에 그만둔 사람도 더러 있었다. 20년 근속을 해야 연급이 확실하게 나온다는데 왜 그랬을까? 서울의 여러 학교에서 근무하다가 마지막으로 강남의 이름난 고등학교에서 정년 이전에 물러난 후배는 이렇게 말했다.

"20대 중반부터 아이들을 가르치기 시작했으니 교육에 대한 애정과 자부심이 컸지요. 그런데 시간이 흐를수록 아이들과 학부모들이 나쁜 쪽으로 바뀌어 가더군요. 학생들이 암기에만 매달려서 창의력이 거의 없는 것을 보고 어느 날부터 국어시간의 일부를 쪼개서 시나 수필을 가르치기 시작했습니다. 그런데 며칠이 지나자 학생의 어머니 몇 분이 교무실로 찾아와서 '우리 아이가 수능 공부하기에도 시간이 모자란데 쓸데없는 글쓰기는 왜 가르치느냐"고 항의하더군요. 점수가 되는 논술 말고 왜 시나 수필 같은 데 시간을 허비하느냐는 뜻이지요. 실제로 제가 글쓰기를 가르치면서, 학원에 다니지 말고 집에서 다양하게 공부하라고 권고한 한 여학생은 수능 성적도 차츰 올라가더라고요.

한 반 학생들 가운데 5분의 1쯤이 수업시간에 아예 책상에 머리를 얹고 자는 모습을 볼 때마다 절망을 느꼈습니다. 수도권에 있는 대학에 못 가는 아이들을 기다리는 지방대학들이 많은데 성가시게 공부할 필요가 뭐 있느냐는 뜻이겠지요. 그래서 어느 날 더 이상 아이들을 가르칠 수 없다고 판단하고 사직서를 냈습니다."(김종철(2011)의 책 '교육인가, 사육인가', 30-31쪽)」

다음은 박준형 외(2012)의 책 '아이를 살리는 교육: 대한민국 교육 혁신의 방법'에 실린 이기정의 '이해 못하는 학생에게 밀어붙이는 수업'이란 제목의 글 가운데 일부이다.

「일반계 고등학교의 학생 중 고등학교 단계의 수학을 웬만큼이라도 이해하고 있는 학생들이 얼마나 될까? 절반 이상의 학생들은 고등학교 단계의 수학을 전혀 이해하지 못하고 있다. 어쩌면 상당수는 중학교 단계의 수학조차 제대로 이해하지 못하고 있을 것이다.

그 학생들은 초등학교나 중학교의 어느 때부터인가 학교 수업의 내용을 전혀 이해하지 못해 왔다. 하지만 학교는 그동안 그러한 학생들의 처지를 배려하지 않고 학년이 올라갈수록 무작정 더 높은 단계의 수업을 강요해 왔다. 그러니 진짜 잘못은 학교에 있는 것이다. 초등학교 수학을 제대로 이해하지 못한 학생을 앉혀 놓고 무작정 중학교 단계의 수학 수업을 강요하는 중학교에 잘못이 있는 것이고, 중학교 수학을 제대로 이해하지 못하는 학생들을 앉혀놓고 무작정 고등학교 단계의 수업을 밀어붙이고 있는 고등학교에 잘못이 있는 것이다(수학을 예로 들었지만 이것은 영어를 비롯한 다른 과목에서도 나타나는 현상이다).

초등학교 상급생이 되면 학교의 수업을 따라가지 못해 낙오되는 학생들이 생기기 시작한다고 한다. 중학교에 진급하면 학교의 수업을 따라가지 못하는 학생들이 더 많아지고, 고등학교가 되면 학교의 수업을 이해하지 못하는 학생은 더 많아진다. 물론 과목에 따른 편차는 있다. 수학이 가장 많고, 영어가 그 다음이고, 아마도 과학이 그 다음 순서일 것이다. 하지만 분명한 것은 상급학년으로 올라갈수록 수업을 전혀 이해하지 못하는 학생의 수가 급격히 늘어나고 있다는 사실이다.(박준형 외(2012)의 책 '아이를 살리는 교육' 중에서 이기정의 '학점제 학사 개편: 이해 못하는 학생에게 밀어붙이는 수업', 126쪽)」

위의 내용을 통해 학교급이 올라갈수록 왜 학습부진 또는 학업결손이 더 심각해지는 그 원인을 찾을 수 있을 것이다. 이어지는 글을 조금 더 살펴본다.

「학생들의 학습능력과 속도 무시한 수업.

우리나라의 교육과정은 지나치게 획일적이다. 학생들의 학습 능력과 학습 속도를 철저하게 무시한다. 오직 단 한 단계의 수업만을 학생에게 강요한다. 우리나라의 교육과정은 '프로크루스테스(procrustes)의 침대를 닮았다. 행인을 잡아다가 침대에 뉘어놓고는 키가 침대 길이보다 길면 잘라서 죽이고, 짧으면 늘려서 죽였다고 하는 그리스 신화에 등장하는 악당 '프로쿠루스테스'의 침대 말이다.

학생들은 무조건 학교가 제공하는 단 하나의 수업과정을 따라가야 한다. 교사의 설명을 조금도 이해하지 못해도 학생들도 무조건 학교의 수업을 따라가야 한다. 이 학생들이 수업에 적극적으로 참여할 리가 없다. 떠들거나 엎드려 잠을 자는 학생이 상당수다. 교사로선 수업을 근근이 유지하는 것조차 만만치 않은 상황이다. 하지만 학생들로서도 불가항력이다. 무슨 의미인지를 조금도 이해할 수 없는 교사의 설명을 하루 이틀도 아니고 몇 달 몇 년을 계속 참고 들어 줄 수는 없는 일이다. 학교교육이 갈수록 망가지는 중요한 원인 중 하나가 여기에 있다.(박준형 외(2012)의 책 '아이를 살리는 교육' 중에서 이기정의 '학점제 학사 개편: 학생들의 학습능력과 속도 무시한 수업', 127쪽)」

위의 글에서도 학교교육을 더 받으면 받을수록 학생들이 교육으로부터 더 멀어지게 되는지 그 이유를 짐작할 수 있을 것이다. 이상의 여러 글을 통해서 확실히 우리 교육이 무언가 잘못 되고 있음을 느꼈다면, 잘못된 방식으로 이루어지는 교육을 멈추고, 제대로 된 교육을 해야 할 것이다. 그럼, 어떻게 해야 되겠는가?

2 한국 학교교육의 문제에 대한 긴급 처방

앞 절에서 살펴본 것처럼, 현재 한국교육은 무언가 잘못된 길로만 가고 있는 듯 하다. 학생들은 살인적일 만큼 치열하고 과도한 경쟁에 시달리며 십여년 이상 학교를 다니고 있고, 그러는 가운데 심각한 신체적, 정서적 불안과 우울을 경험하고 있다. 학습을 포기하고 무기력하게 그저 하루하루를 버텨가며 수업시간엔 엎드려서 세상과 담을 쌓고 살아가는 아이들이 대다수이다. 대체 한국의 학교교육이 왜 이렇게 된 것일까?

우리는 내부자이기 때문에 한국의 학교교육에 문제가 있다고 생각하기는 하지만, 그 심각성을 제대로 알고 있거나, 진지하게 이 문제를 해결하려고 하고 있는지 반성할 필요가 있다.

중앙대학교 김누리 교수님의 "경쟁교육은 야만이다"라는 제목의 책에 실린 내용을 읽어보자.

「우리 아이들은 불행합니다. 프랑스의 권위있는 신문 《르몽드》는 "한국의 학생들은 세계에서 가장 불행한 아이들"이라고 했습니다. "한국의 교육은 가장 경쟁적이고, 가장 고통을 주는 교육이기 때문"이라고 이유까지 덧붙였습니다. 독일의 공영방송도 한국의 교육을 취재하러 왔다가, 학생에 대한 일상적인 인권 유린과 학대에 너무도 충격을 받은 나머지 프로그램의 성격을 "교육 프로"에서 "인권 프로"로 바꾸어 내보냈습니다. 우리나라에서 가장 권위 있는 연구기관인 한국개발연구원(KDI)은 한국 대학생 열 명 중 여덟 명이 고등학교 시절을 '사활을 건 전쟁터'로 기억한다는 충격적인 연구 결과를 내놓았습니다. 경쟁 교육으로 악명 높은 미국과 중국 학생의 두 배가 넘는 수준입니다(김누리, 2024; 4-5쪽).

이 절에서는 김누리 교수의 책 "경쟁 교육은 야만이다"에서 제안된 대한민국의 교육 패러다임 대전환을 위한 처방들을 중심으로 한국교육의 위기를 벗어날 대안을 모색한다. 저자가 이 책의 내용을 인용하는 것은 전적으로 이러한 주장에 동의하기 때문임을 밝힌다. 오랜 기간 동안 관행처럼 이루어져 와서 고착화 되었고, 너무 복잡하게 얽히고 설켜있는 한국 학교교육의 병폐를 일거에 해소할 수는 없기 때문에, 중요한 원칙과 방향을 세우고 이를 중단없이 실천하는 것 만이 유일한 대안이고 해결책이라고 믿는다.

1) 한국은 교육 패러다임의 대전환을 서둘러야 한다

「독일 학교에서는 등수가 없기 때문에 우열의식이나 차별도 당연히 없습니다. 모든 아이들은 다 고유한 자존감을 갖고 있습니다. 그림 잘 그리는 아이, 악기를 잘 다루는 아이, 노래를 잘 부르는 아이, 축구를 잘 하는 아이, 책 읽기를 좋아하는 아이, 숫자를 좋아하는 아이

…… 이렇게 다양한 소양과 취향과 재능을 가진 아이들이 있을 뿐입니다.

숫자를 잘 다루는 아이가 그림을 잘 그리는 아이보다 우월하다고 누가 말할 수 있을까요. 독일의 교실에서는 잘 놀고, 잘 만들고, 잘 그리고, 공을 잘 차고, 노래를 잘 하는 아이들이 일반적으로 인기가 좋습니다. 공부만 열심히 하는 아이를 "슈트레버(Streber)"라고 하는데, 우리말로 하면 공부 벌레, 범생이 정도가 될 겁니다. 슈트레버는 대체로 인기가 없습니다. 이러한 현상은 독일의 사회문화적 분위기와도 관련이 있습니다. … (중략) …

우리의 과거와 현재를 돌아보면 4가지 차원에서 교육의 대전환이 절실합니다. 대한민국 교육이 100년을 넘어선 지금 우리는 선진국에 진입했으며, 포스트 코로나 시대, 4차 산업혁명 시대를 살고 있습니다. 이러한 시대의 변화에 부응하는 교육의 대전환이 필요한 것입니다(김누리, 2024; 290-312쪽).」

김누리 교수는 '능력주의'에서 '존엄주의' 교육으로의 전환, '성장을 위한 교육'에서 '성숙을 위한 교육'으로의 전환, '경쟁 교육'에서 '연대 교육'으로의 전환, '지식 교육'에서 '사유 교육'으로의 전환, 이렇게 4가지 전환을 주장하고 있다. 이하에서는 각각의 주장의 내용을 보다 상세히 살펴본다(김누리, 2024; 294-292쪽 주요 부분을 그대로 인용함).

2) 교육 원리를 '능력주의'에서 '존엄주의'로 전환해야 한다

교육을 통해 모든 아이들이 자신의 존엄성을 자각하고, 타인의 존엄성을 존중하는 아이로 성장하도록 해야 합니다. 저는 이것을 '존엄 감수성'이라고 부릅니다. 아이들의 존엄 감수성을 기르는 교육이 단순히 기능적 능력을 기르는 교육보다 중시되어야 합니다.

이제는 지난 한 세기 한국을 지탱해 온 능력주의 이데올로기와 헤어질 때가 되었습니다. '유능한 인재'보다 '존엄한 인간'을 길러내는 것이 더 중요합니다. 지금 한국 사회가 이루어야 할 시대적 과제는 인간적 존엄과 사회적 정의를 실현하는 것입니다. 인간적 존엄은 디그노크라시(dignocracy)로, 사회적 정의는 데모크라시(democracy)로 이루어낼 수 있습니다. 우리는 교육혁명을 통해 이러한 가치를 실현할 수 있습니다. 디그노크라시 교육을 통해 존엄한 인간을 기르고, 데모크라시 교육을 통해 성숙한 시민을 기르는 것입니다. 이것이 대한민국이 물질적 성장을 넘어 정신적 성숙에 이르는 선진국가가 되는 길입니다.

왜 존엄주의 교육이 지금 우리에게 절실히 필요할까요? 지금까지 한국의 교육은 학생들의 유용성만을 강조하면서 그들의 존엄성을 무시해 왔습니다. 그 결과 한국에서 12년간 교육을 받으면 일정한 기능적 지식은 습득할지 모르지만, 인격적 품위를 갖추기는 어렵습니다. 존엄주의 교육은 자신이 얼마나 존귀한 존재인지를 자각하고, 타인 또한 얼마나 존엄한 존재인지를 인식하는 것입니다. 요컨대, 존엄 감수성을 키워서, 자신의 존엄성을 자각하고 타인의 존엄성을 존중하는 사람으로 교육하는 것입니다.

한국 사회는 과거 100년 동안 능력주의 교육이라는 이름으로 아이들을 경쟁시키고, 줄 세우고, 우열의 위계질서 속에 배치했습니다. 그에 따라 한쪽에서는 이런 교육에 잘 적응한 승자가, 다른 한쪽에서는 이런 교육에 적응하지 못한 패자가 생겨났습니다.

이제 새로운 100년은 아이들이 자신의 존엄성을 자각하고, 타인의 존엄성을 존중하는 존엄의 감수성을 갖도록 가르치는 존엄주의 교육의 세기가 되어야 합니다. 이것은 우리가 의지만 있다면 얼마든지 가능한 일입니다.

3) '성장을 위한 교육'에서 '성숙을 위한 교육'으로 전환해야 한다

'선진국 대한민국'은 이제 선진국 답게 '성장을 위한 교육'에서 '성숙을 위한 교육'으로 전환해야 합니다. 해방 이후 가난한 신생 독립국이었던 한국은 허리띠를 졸라매고 선진국을 추격해 왔습니다. 이런 추격사회 모델은 이제 더 이상 우리 사회에 맞지 않습니다. 오히려 이런 모델은 우리가 선진국 다운 선진국이 되는 데 장애로 작용할 수 있습니다. 모방, 규율, 성실, 노력 등의 가치를 중시하는 '성장을 위한 교육'은 이제 창의, 자율, 자유, 여유 등의 가치를 우선시하는 '성숙한 사람을 기르는 교육'으로 바꾸어야 합니다.

독일에서 민주시민교육의 목표는 아이들에게 세가지 능력을 갖도록 가르치는 것입니다. 그것은 바로 '권력의 억압에 저항하는 능력', '사회적 불의에 분노하는 능력', '약자의 고통에 공감하는 능력'입니다. 이 세가지 능력을 갖춘 민주시민을 길러내는 것이 독일 정치 교육의 핵심목표입니다.

이제는 우리도 세계로부터 인정받는 선진국답게 존엄한 인간, 개성적 자유인, 성숙한 민주주의자를 기르는 교육을 시작해야 합니다. 성숙한 민주사회로 나아가기 위해서는 먼저 교실이 '정치화'되어야 합니다. 우리는 지금까지 교실에서 성숙한 민주시민을 길러내는 교육을 해 본 적이 없습니다. 오히려 한국 교육을 잘 받은 학생일수록 잠재적 파시스트의 성향을 보입니다. 이것이 한국 민주주의가 위대한 민주혁명의 전통에도 불구하고 여전히 뿌리가 허약한 이유입니다. 독일처럼 어려서부터 정치교육을 통해 성숙한 민주시민을 길러내야 합니다. 오로지 개인적인 성취에만 몰두하는 이기적 인간이 아니라, 인류의 고통과 억압에 맞서 연대하는 높은 정치의식을 가진 성숙한 시민을 길러내야 합니다.

정치는 그저 '높은 사람들의 일'이나 '남의 일'이 아닙니다. 성숙한 민주사회는 모든 구성원이 정치를 자신의 일로 인식하고 실천하는 사회입니다. 그렇게 이른 시기부터 정치교육이 필요한 것입니다. 한국의 교실은 '정치적 중립'이라는 이름으로 정치적 올바름에 대한 기본적인 교육조차 이루어지지 않고 있습니다. 교실의 정치화를 두려워하는 사람들은 선진국의 젊은이들이 얼마나 높은 정치의식을 가지고 있는지 모르는 자들입니다. 한국의 젊은이들만이 정치적 선동에 휘말릴 정도로 유독 미성숙하단 말인가요? 모든 선진국 젊은이들이 정치교육을 통해서 민주주의자가 되는 것을 배우는데, 왜 한국 청소년들만 정치교육을 받으면 위험하다는 것일까요? 그것은 한국의 젊은 세대를 과소평가하고 무시하는 터무니 없는 이야기입니다.

4) '경쟁 교육'을 '연대 교육'으로 전환해야 한다

포스트 코로나 시대를 사는 우리는 이제 '경쟁 교육'을 '연대 교육'으로 전환해야 합니다. 더 이상 경쟁을 당연시하고, 무한경쟁을 부추기는 교육을 멈추어야 합니다. 그러나 우리는 이미 경쟁 교육의 이데올로기에 완전히 포획되어 있어서 경쟁을 시키지 않는 교육에 대해 두려움이 있습니다. 경쟁을 시키지 않으면 어떻게 학습능력이 올라가겠는가 의심하는 분들이 많지요. 그런 의심을 한다는 것만 보아도 우리가 얼마나 심각한 경쟁 중독 상태인지 알 수 있습니다.

여러 차례 강조했듯이 독일의 사례는 경쟁을 시키지 않아도 얼마든지 훌륭한 교육이 가능하다는 것을 보여줍니다. 사실 독일의 경우는 경쟁을 시키지 않았음에도 좋은 나라, 좋은 사회가 된 것이 아니라, 경쟁을 시키지 않았기 때문에, 세계에서 가장 잘사는 나라, 세계에서 가장 존경받는 나라, 세계에서 가장 성숙한 시민이 사는 공동체가 된 것입니다.

대한민국은 경쟁을 통해 중진국까지는 발전할 수 있었습니다. 다른 사람이 만든 것을 더 열심히, 더 성실하게 흉내내는 것으로 이룬 성과입니다. 그러나 이제 경쟁과 성실, 모방만으로 선진국에 진입하고 그 위상을 유지할 수는 없습니다. 창의적인 창조 능력을 길러야 합니다.

그렇다면 창조는 무엇입니까? 오늘날의 창조는 없는 것을 만들어내는 것이 아닙니다. 이질적인 요소들을 합쳐서 새로운 것을 만들어내는 융합이 곧 창조입니다. 그러기 위해서는 다른 사람들과 교류하고 소통하고 협력하고 또 연대하는 능력이 필수적입니다. 소통, 교류, 협력, 연대의 능력이야말로 오늘날의 창조자에게 가장 필요한 능력인 것이지요. 안타깝게도 한국 사람들에게는 그런 능력이 대단히 결여되어 있습니다.

5) '지식 교육'을 '사유 교육'으로 전환해야 한다

4차 산업혁명은 우리의 '지식 교육'을 '사유 교육'으로 전환할 것을 강력하게 요구하고 있습니다. 지금까지의 한국 교육은 지식을 주입하고 암기하는 방식이었습니다. 그러나 4차 산업혁명 시대란 기계가 인간의 기능을 대체하는 시대입니다. 우리는 지금 인공지능이나 챗GPT가 인간의 지식을 대체하는 놀라운 능력을 보이는 것을 목도하고 있습니다. 따라서 4차 산업혁명 이후의 교육은 '기계가 대체할 수 없는 인간 고유의 능력' 즉 사유능력, 공감능력, 상상능력, 비판능력을 키워주어야 한다는 것입니다.

그런데 지금 한국의 교육은 아이들의 사유 능력을 길러주기는커녕 죽은 지식의 양만 늘리고 있습니다. 대부분의 선진국은 '이것이 무엇이냐'라는 물음 대신, '이것에 대한 너의 생각은 무엇이냐'라고 묻는 것을 교육평가의 기본으로 삼습니다. 이제 한국도 지식 교육에서 사유 교육으로 패러다임의 대전환을 감행해야 합니다. 그래야 개성 있는 아이들과 사려 깊은 어른들이 사는 세상, 다시 말해 성숙한 사회, 폼나는 국가가 됩니다. 우리도 얼마든지 그런 세상을 만들 수 있습니다.

이상에서 살펴본 '능력주의'에서 '존엄주의' 교육으로의 전환, '성장을 위한 교육'에서 '성숙을 위한 교육'으로의 전환, '경쟁 교육'에서 '연대 교육'으로의 전환, '지식 교육'에서 '사유 교육'으로의 전환 등은 반(反)교육이 아닌 교육다운 교육, 학생을 죽이는 교육이 아닌 '학생을 살리는 교육'이 되기 위해 꼭 지켜야하는 교육 대전환의 원칙에 해당하는 것들이다. 이러한 원칙이 하루 아침에 자리잡을 수는 없을 것이므로, 이러한 원칙에 동의하는 사람들이 이 원칙에 따라 교육을 하고, 함께 협력하고 연대해 나가는 것이 조금씩이라도 변화를 앞당기는 길이 될 것이다. 혼자 가면 길이 열리지 않을 수 있겠지만, 여럿이 함께 가면 길이 된다. 우리는 그러한 길을 만들 수 있다. 그 길로 나아가면 된다.

제 3 장

교육다운 교육을 위한 평가의 방향

1. '교육다운 교육'이란 무엇인가?
2. 교육평가의 기본 원칙
3. 교육다운 교육을 위한 평가의 방향은 무엇인가?

교육평가의 탐구 ❷
교육평가의 확장

제3장
교육다운 교육을 위한 평가의 방향

이 장의 주제는 '교육다운 교육을 위한 평가의 방향'이다. 그래서 먼저 '교육다운 교육'이란 무엇인가 살펴보고, 그 다음으로 교육평가의 기본 원칙에 대해 알아보고 나서, 마지막으로 교육다운 교육을 위한 평가의 방향이 무엇인지 생각해보는 순서로 논의를 전개한다.

1 '교육다운 교육'이란 무엇인가?

교육다운 교육을 위한 평가가 되기 위해서는 평가의 바람직한 방향으로 이루어져야 한다. 그렇지만, 우선 교육이 제대로 이루어져야만 한다는 것이 선행 조건이다. 즉 교육을 제대로 한다는 것은 교육이 지녀야 하는 가치를 제대로 실현하는 방식으로 교육이 이루어져야 한다. 그런 의미에서 여기서는 교육 본연의 가치가 무엇인지, 교육 본연의 가치에 충실한 방식으로 이루어지는 교육은 어떠해야 하는지 살펴본다.

우리는 흔히 강의나 설명을 하면 학생들이 그것을 잘 배울 것이라고 순진하게 가정한다. 내가 최선을 다해 수업을 준비하고 열심히 강의했으니, 학생들은 당연히 내가 강의한 내용을 잘 이해하고 잘 배웠을 것이라고 믿는 것이다. 그러나, 이 글을 읽는 독자들이 강의 경험이 있다면, 이러한 교수자의 기대가 충족되기 쉽지 않다는 것을 잘 알 것이다. 왜 교수자의 기대만큼 학생들이 잘 배우지 못하는 것일까?

교수자의 기대와 학생의 학습 결과가 일치하지 않는 가장 큰 이유는 학습자의 다양성이 크기 때문이다. 쉽게 말해 내 설명을 잘 알아듣고 이해를 잘 하는 학생이 있는 반면에, 내 설명이 어렵다고 느껴지고 무슨 말을 하는지 이해하지 못하고 집중을 하지도 못하는 학생들도 있을 수 있는 것이다. 어쨌든 교육이 잘 되기 위해서 교수자는 무엇을 어떻게 해야 하는지 고민하지 않을 수 없다. 아니, 고민을 해야만 한다. 가르치는 일의 본질은 잘 가르치는 것이므로.

수업시간에 학생들의 수동성을 극복하기 위해서 학생들이 스스로 읽고 쓰고 토론하고 발표하는 수업을 하고, 탐구 프로젝트를 진행하고 학기말에 프로젝트 결과를 발표하는 방식으로 수업을 진행했다고 가정하자.

수업 시간에 읽고 쓰고 토론하고 발표하는 방식으로 학습을 했다면, 평가를 어떻게 해야 하는가? 기성 세대들은 으레 시험을 통해서만 평가에만 익숙해 있기 때문에, 수업을 어떤 방식으로 하든 상관없이 평가는 시험을 통해서만 해야한다는 선입견에 빠지기 쉽다.

그러나 시험은 평가의 여러 가지 방법 중 하나일 뿐이며 시험을 보기 위해서 수업을 하는 것은 아니므로 수업을 했다고 해서 반드시 시험을 봐야만 하는 것은 아니다. 평가의 방법으로는 중간시험, 기말시험과 같이 선다형 문항에 의한 지필평가 이외에도 이른바 수행평가(performance evaluation)의 방법들도 여러 가지가 있다. 수행평가의 방법으로는 서술형, 논술형 문항에 의한 평가, 연구보고서, 포트폴

리오, 면접, 구술시험, 관찰이나 실기, 실험·실습, 시뮬레이션 평가, 실제 상황에서의 평가 등 다양한 방법들이 있다. 때로는 평가를 하지 않는 것이 오히려 교육적으로 더 바람직할 수도 있다. 가령, 좋은 책을 여러 권 읽자는 취지에서 여러 권을 책을 읽었다면, 반드시 독후감이나 보고서 같은 것을 써야 할까?

평가를 하고 기록을 남기는 것도 필요하겠지만, 평가 이전에 교육을 통해 긍정적인 변화가 나타나도록 하는 것이 우선이다.

교육다운 교육, 바람직한 교육은 획일화된 것이 아니라 교사와 학생의 다양성을 존중하고 인정해주는 방식으로 이루어져야 한다. 그러므로 교사들이 똑같은 절차와 방식으로 수업을 해야만 된다거나 학생이 오로지 한가지 측면에 의해서만 평가를 받아야만 한다는 사고는 타당하다고 보기 어렵다. 학생을 오로지 한가지 측면에서만 평가하려는 것, 가령 지적 능력의 면에서만 평가하려는 것은 학생이 지닌 다양한 특성들에 대한 관심을 가질 필요를 느끼지 못하게 만들 수 있다. 물론 지적 능력이 우수한 학생들을 잘 선별하고 그들의 능력을 최대한으로 발현시켜서 그들이 자신의 능력을 발휘하고 사회와 국가에 기여할 수 있도록 하는 것은 분명이 필요한 일이다.

다만 모든 학생이 우수하기는 어렵고, 모든 학생이 우수해야만 하는 것도 아니다. 누구나 공부를 잘하고, 누구나 공부만 잘하려고 하는 것도 이상할 것이다. 개인을 위해서도, 사회나 국가, 온 인류를 위해서도 다양한 특성을 지닌 개성이 풍부한 사람들이 많은 것이 바람직한 사회의 모습이다. 이렇게 다양한 능력과 특성을 지닌 사람들이 모여 함께 살아가기 위해서는 서로가 서로를 존중하고 서로 도우며 살아가는 사회가 되어야 할 것이다. 그리고 교육은 그런 사회가 되도록 앞장서야 할 것이다.

획일성보다는 다양성을 추구하는 교육, 특권이나 차별이 당연시되는 것이 아닌 평등과 평화가 있는 사회, 나 혼자만 잘 먹고 잘 사는 것이 아니라 모두가 함께 어울리며 서로에게 힘이 되어주는 사회가 될 수 있도록 힘쓰는 교육이 교육다운 교육이고, 바람직한 교육이다.

2 교육평가의 기본 원칙

이 절에서는 교육평가가 가지는 또는 지켜야 한다고 볼 수 있는 몇 가지 기본적인 원칙들을 살펴본다.

첫째, 교육평가는 반드시 가르치는 활동과 관련되어야만 한다. 교육은 가르치고 배우는 과정이다. 가르치는 활동과 배우는 활동은 마치 동면의 앞과 뒤와 같이 서로 떨어질 수 없는 관계이며, 다른 한쪽을 전제하지 않고는 활동이 불가능하다. 따라서 교육평가는 가르치는 일에 관련된 평가인 것이다. 조금 강한 어조의 표현이지만, 교육이 없는 곳에 평가가 있을 수는 없다. 평가를 하기 위해서는 반드시 평가 전에 교육활동이 있어야만 하고, 교육평가는 어떠한 방식으로든 이 교육활동에 관련되어야만 한다.

둘째, 교육평가는 교육적 가치를 판단하는 활동이어야 한다. 평가(評價)라는 말의 사전적 의미는 어떤 것의 가치나 수준을 판단하고 평정하는 일이다. 교육평가를 의미하는 영어 단어 'educational evaluation'에서 'evaluation'이란 단어에는 가치를 의미하는 'value'와 '밖으로'를 의미하는 'e'가 결합되어 있다. 그래서 'evaluation'은 어떤 대상의 가치의 유무나 가치의 정도, 수준을 뜻한다. 따라서 교육평가는 분명 교육의 가치를 판단하고 활동이라고 보아야 한다. 그리고 가치를 판단하기 위해서는 가치 판단의 기준이 있어야 할 것이고, 이 기준이 타당하고 신뢰롭고 명료해야 한다. 또한 평가를 한 다음에는, 판단 결과에 따른 어떤 이어지는 조치가 있어야 한다. 판단만 하고 조치가 이루어지지 않는다면, 그것은 진정한 의미의 교육평가라고 할 수 없다.

셋째, 교육평가는 교육활동에 도움을 주어야만 한다. 교육평가는 어떤 교육적인 목적을 달성하기 위한 수단적인 활동이다. 즉, 교육평가는 평가 자체만을 위한 것이라기 보다 나은 교육을 하기 위해 평가를 하는 것이다. 학생들을 가르치는 것은 교육을 하려는 것이지 평가를 하기 위한 것은 아니다. 평가를 하기 위해 가르치는 것은 더더욱 아니다. 그러나 교육평가의 실제를 보면 이러한 원칙을 지키는 것이 쉽지 않음을 금새 알 수 있다. 대부분 교육평가라는 단어를 들으면, 시험을 떠올리고 시험의 결과로 받는 점수, 성적이나 등급 등을 교육평가로 생각하는 경우가 많다. 평가의 결과로 상급학교로 진학하고, 학생들을 선발하고 배치하는 것은 교육평가의 기능이기는 하지만, 이것은 평가 결과를 활용하는 것이지 더 나은 교육을 하기 위한 것이라고 보기는 어렵다. 이런 현실을 감안하면, 교육평가가 어떠한 방식으로든 교육활동에 도움을 주어야 한다는 원칙은 지키기 쉽지 않다. 그럼에도 불구하고, 교육평가의 결과는 학생들에게 학습활동에 대한 교정적인 정보를 제공해 주고, 교사 자신에게는 자신의 교수활동에 대한 자체 점검과 개선에 도움이 되어야 한다. 이런 의미에서 보면, 교육평가의 대상은 학생 뿐만 아니라 교사 자신이기도 하며, 더 나아가 우리 학급, 우리 학교, 우리 지역사회, 우리나라의 교육 시스템이 되어야 한다.

넷째, 교육평가도 교육활동이므로 교육평가의 방식은 교육적이어야만 한다. 교육평가는 교육에 대한 평가이기도 하며, 교육적인 평가이어야 한다. 평가 행위 그 자체는 교육과 관련없다고 생각하는 것은 교육평가의 의미를 심각하게 오해하는 것이며, 교육평가가 아닌 다른 평가라고 보아도 된다. 그러므로 교육평가가 교육활동의 전체 과정 중 한 부분이라고 본다면, 당연히 교육평가도 교육의 본질을 위배해서는 안 될 것이다. 교육은 인간의 변화와 발전을 위한 것이므로, 교육평가도 학생과 교사가 더 잘 가르치고 더 잘 배울 수 있도록 돕는 방식으로 이루어져야만 한다.

3 교육다운 교육을 위한 평가의 방향은 무엇인가?

앞 절에서 살펴본 교육평가의 기본 원칙을 잘 지키면서, 교육다운 교육이 이루어지는 데 기여하는 평가의 방향은 무엇일까? 여기서 제시하는 방향은 일반적인 방향이므로, 모든 사람들이 동의하지 않을수도 있겠으나, 적어도 이러한 평가의 방향이 중요하다는 것 만큼은 공감할 수 있을 것이라고 본다.

교육다운 교육을 위한 평가의 방향으로 다음과 같은 것들이 제시되었다(강승호 외, 1999).

첫째, 각급 학교의 평가체제를 상대기준평가에서 절대기준평가 체제로 전환해야 한다.

현재까지도 우리나라의 각급 학교의 평가체제는 주로 상대기준평가 중심이라고 할 수 있다. 물론 과거 1970-1980년대에 비하면, 절대기준평가의 비중이 높아졌다고 할 수 있지만, 여전히 지금도 상대기준평가 위주이다. 특히 초등학교나 중학교에 비해 대학입시를 앞둔 고등학교급에서 엄격한 상대기준평가를 적용하고 있으며, 수능(대학입학수학능력)에서도 상대평가에 기초한 9등급제로 평가가 이루어지고 있다. 그러나, 각급 학교의 수업활동과 관련하여 사전에 설정된 교육목표에 비추어 학생들의 학업성취도를 확인하고, 수업 프로그램이나 교수·학습의 개선을 위해서는 절대기준평가 방식을 활용하는 것이 적절하다. 그리고 절대기준평가를 위한 지침과 기준이 구체적으로 제공되어야 한다.

둘째, 선다형 평가와 함께 서술형이나 논술형 평가의 비중을 높여야 한다.

흔히 객관식 평가로 일컬어지는 선다형 평가의 가장 큰 장점은 채점의 객관성과 신뢰성이 비교적 높다는 것이다. 또한 많은 수의 문항을 출제할 수 있으므로 학습내용의 범위가 포괄적이어서 많은 내용을 평가할 수 있다는 것도 장점이다. 그리고 채점과 평가결과의 통계적 처리가 용이하다. 그러나, 선다형 평가의 단점은 답을 몰라도 추측에 의한 반응이 가능하다는 점과 고차적인 사고력을 평가하기보다는 단편적인 지식을 평가하는 문항이 되기 쉽다는 것이다. 서술형 평가와 논술형 평가의 단점은 객관성과 신뢰성을 유지하기가 어렵고, 학습내용을 골고루 평가하기가 어렵다는 단점이 있다. 채점하는 데 시간과 노력이 많이 요구된다는 것도 단점이다. 반면 서술형 평가나 논술형 평가는 선다형 평가에 비해 고등정신능력을 측정하거나 평가하는 데 유용하므로 학생들의 고차적 사고력을 증진시키기 위해서는 서술형과 논술형 평가를 보다 적극적으로 활용해야 한다.

셋째, 지필검사 일변도의 평가를 벗어나서 실기평가와 수행평가 등 다양한 평가방법을 활용해야 한다. 각 교과에서 내용의 특성에 따라 실험, 관찰, 실습, 토론, 팀활동, 답사, 조사, 프로젝트 등 다양한 방식의 실기평가 또는 수행평가를 활용할 필요가 있다. 그리고 실기평가와 수행평가를 실시하기 전에 평가 절차, 평가 내용, 평가 방법 등에 대해 상세하게 안내하고 평가 기준을 명확히 제시하면, 학생들이 평가를 받는 데 대한 걱정이 완화될 것이다.

넷째, 교과서 중심의 평가에서 교육과정 중심의 평가를 해야 한다.
평가의 기준은 교과서가 아니라 교육과정이 되는 것이 바람직하다. 교과서에 제시된 교육목표를 실현하기 위한 효과적인 도구라고 본다면, 평가의 기준은 교과서가 아니라 교육과정이 되는 것이 타당하다.

다섯째, 결과 중심의 평가보다 과정(process) 중심의 평가도 중시되어야 한다.
결과만을 평가하거나 결과 중심으로만 평가를 하게 되면 단점은 학생이 노력한 점이나 과정 중에서 나타나는 긍정적인 측면이 고려되지 않을 수도 있다는 것이다. 사실 점수, 성적이나 등급이 교육활동의 결과라고 본다면, 그러한 결과가 나오기까지의 과정이 반드시 있는 것이므로, 어떠한 과정을 거쳐서 어떤 결과가 나왔는지 과정과 결과를 모두 함께 평가하는 방식으로 이루어지는 것이 적절하다.

여섯째, 기록 중심의 평가에서 이해 중심의 평가로 나아가야 한다.
평가한 결과를 기록하고 보관하는 것은 평가의 실제적인 측면에서 중요하다. 그러나, 기록의 이면에 있는 의미를 찾아서 그 학생을 이해하고, 그 학생이 거둔 학업성취의 의미를 해석하여 교육적인 처치를 하는 것이 교사의 역할이라고 볼 수 있다.

일곱째, 인지적 영역에 대한 평가만 할 것이 아니라 정의적, 행동적 특성에 대한 평가를 하면서 학생의 전인적인 특성을 평가하는 방향으로 나아가야 한다. 학교교육에서 달성하고자 하는 교육목표는 단순히 교과서에 나오는 지식을 습득했는지 여부를 알아보는 인지적 영역의 평가 뿐만이 아니라 교과 및 삶의 여러 영역에 대한 학생의 흥미, 관심, 동기, 적성, 진로, 기대, 요구, 개인차, 미래에 대한 계획 등 학생의 모든 면에 대한 평가가 이루어져야 한다. 그 결과로 학생의 전인적인 성장과 발전이 가능하도록 교육평가가 기여해야 한다.

제 4 장

교육과정-수업-평가-기록의 일체화

1. '교육과정-수업-평가-기록의 일체화'의 등장 배경 및 필요성
2. '교육과정-수업-평가-기록의 일체화'를 어떻게 해야 하는가?
3. '교육과정-수업-평가-기록의 일체화'의 가능성과 한계

제4장
교육과정-수업-평가-기록의 일체화

1 '교육과정-수업-평가-기록의 일체화'의 등장 배경 및 필요성

이 장에서는 '교육과정-수업-평가-기록의 일체화'를 주장하는 여러 저자들의 글을 살펴보면서, 이러한 주장이나 운동이 등장한 배경을 살펴보고, 그러한 주장이나 운동의 핵심을 이해하고 분석해 봄으로써 '교육과정-수업-평가-기록의 일체화'의 가능성과 한계에 대해 논의하고자 한다.

우선 '교육과정-수업-평가-기록의 일체화'를 어떤 특정한 의미를 가리키는 개념이나 용어라고 보고, 이것이 가리키는 개념을 분석해 보겠다. 먼저, '교육과정-수업-평가-기록의 일체화'가 등장하게 된 배경을 살펴본다. 아래의 인용을 보자.

「교육의 중심축은 무엇일까? 학교는 관계로 움직인다. 그중에서도 기본 축은 교사와 학생이다. 교사와 학생의 상호작용을 통해 배움이 일어난다. 이 상호작용이 수업이다. 수업이 가장 기본 활동이라는 말이다. 교사는 무엇을 가르칠 것인가에 따라 수업의 방법을 선택한다.

'강의식이 옳으냐, 학생 참여식이 정답이냐'라는 말은 논점에서 벗어난다. 강의식이든, 학생 참여식이든 어떻게 가르칠 것인가의 한 방법일 뿐이다. 그다음 고민은 평가이다. 무엇을 평가하고, 어떻게 평가할 것인가를 고민하고 학생들의 성취를 평가하고 피드백을 한다. 교사의 피드백을 받아 학생들은 다시 성장한다. 이러한 과정을 남긴 문서가 학교생활기록부이다(김덕년, 2017, 16쪽).」

위의 글에서 보면, 교육을 관계 중심으로 파악하면서, 수업-평가-기록이라는 일련의 활동 또는 흐름에 주목하고 있음을 알 수 있다. 수업은 교육과정을 기준으로 이루어져야 한다는 점에서 보면, 위의 글에서 교육과정이 직접적으로 언급되지는 않았지만 '교육과정-수업-평가-기록'의 흐름을 강조하고 있는 것이다. 그리고 이러한 흐름의 일관성, 즉 교육과정과 수업과 평가와 기록이 하나의 일관된 흐름으로 이어져야 한다는 점에서 일체화를 강조하고 있는 것이다. 그래서 '교육과정-수업-평가-기록의 일체화'란 용어가 나온 것이다. 해당 도서의 내용을 조금 더 살펴보자.

「우리는 '학생중심'이라는 용어를 즐겨 쓴다. 여러 가지로 해석될 수 있지만, 학생이 교육의 대상이 아니라 주체로 자리매김하는 용어라는 점에서 그 의미는 매우 크다. '주체'라는 말에는 스스로 선택할 수 있다는 의미가 담겨 있다. 그래서 학생 선택권은 매우 중요하다. 얼마 전까지만 하더라도 학생들에게 교육과정 선택은 거의 형식적이었다. 대부분 학교가 교사 수급 문제라든가, 교실의 물리적 한계를 극복하기 어려운 상황에서 학생들에게 다양한 교육과정에 대한 선택권을 부여하는 것은 불가능에 가까웠다.

이를 극복할 수 있는 방법이 없을까? 교사와 학생의 관계맺음을 생각하고, 현재의 제한 속에서 당장 할 수 있는 부분이 바로 '교육과정-수업-평가-기록의 일체화’이다.

먼저 교실에서 엎드려 자는 학생들을 깨워야 한다. 잠에서 깬 학생들이 질문을 하고, 토의·토론을 통해 수업에 적극적으로 참여하게 해야 한다. 이를 학생참여수업, 또는 학생중심수업이라고 한다. 이는 교사가 일방적으로 지식을 전달하는 것이 중심인 기존의 강의식 수업과는 달리 학생의 활동이 강조된다. ‘배움중심수업’ 등에서 학생들이 주도하는 수업이 효율적이라는 사실이 입증되기 시작하자, 교실은 급격히 학생 활동이 중심이 되는 모습으로 변했다. 토의토론식 수업, 발표 수업 등 학생의 활동이 수업의 중심이 되자, 이를 평가하는 방법도 변할 수 밖에 없다. 이를 수업밀착형 평가 또는 학생관찰형 평가라고 한다. 과정을 평가하기 때문에 ‘과정평가’라고 한다. 수업 중에 학생평가가 같이 이루어지는 것이다. 학생이 수업에 참여하고 활동하는 모습을 교사가 관찰하고 평가한다. … (중략) …

수업에 따라 평가가 변하는 것은 당연하다. 여기에 학교생활기록부 기록은 덤이다. 수업과 평가에서 학생들이 중심이 되면서 교사들은 학생들의 활동을 관찰하고 평가한다. 평가는 수치로도 나타나지만, 기술(記述)로도 한다. 수치와 기술이 총괄적으로 담긴 기록물이 바로 학교생활기록부이다. 곧 학교생활기록부는 교사의 평가물이다. 교사의 평가권을 주장한다면, 당연히 학교생활기록부 기록에 대해서도 다른 인식으로 접근해야 한다. 물론 현재 학교생활기록부가 지나치게 세밀하여 교사의 업무를 과중하게 하는 경향이 있다. 하지만 이는 개선해야 할 부분이지 그렇다고 학생들의 성장보고서인 학교생활기록부를 없애는 것은 옳지 않다(김덕년, 위의 책, 18-21쪽).」

인용 부분을 요약해보면, 학생들에게 다양한 교육과정에 대한 선택권을 부여하자고 하면서 이를 위해 학생참여수업, 배움중심수업을 해야 한다고 주장하고 평가도 이에 따라 수업밀착형 평가, 학생관찰형

평가를 해야한다고 했고, 수업과 평가에서 학생이 중심이 되어야 하고, 학교생활기록부는 학생들의 성장보고서가 되어야 한다고 주장하고 있다. 여기서 인상적인 점은 교실에서 엎드려 자는 학생들을 깨워야 한다고 하면서 잠에서 깬 학생들이 질문을 하고, 토의 ·토론을 통해 수업에 적극적으로 참여하게 해야 한다고 주장했고, 이를 학생참여수업, 또는 학생중심수업이라고 표현하고 있다는 것이다.

> 「수업이 바뀌면 그 다음 순서는 평가에 대한 고민이다. 학생이 중심이 되어 수업을 진행했는데, 학생의 활동에 대한 평가를 일제식 평가로 하는 것은 그리 적절하지 않다. 학생참여수업에서는 활동의 처음-중간-끝을 평가에 반영해야 한다. 이를 과정평가라 할 수 있다. 결국 우리는 '수업의 변화는 평가를 바꾸고, 수업의 변화는 기록을 풍부하게 한다'는 명제에 동의할 수 밖에 없게 된다. 수업의 변화가 평가의 질을 높인다면, 평가의 변화는 수업의 질을 높인다. 수업이 학생들의 통합적 사고력과 문제해결력 그리고 협력을 통한 탐구활동으로 학생과 교사가 함께 성장하는 배움이 일어난다면 평가는 결과중심에서 과정중심으로 바뀌어야 한다. 수업시간에 일어난 활동으로 학생들을 평가해야 한다. 과정중심평가에서는 수행평가의 비율이 커지게 된다. 수행평가 과제를 주고 그 과제의 결과물로 평가하는 방식이거나, 일제식 지필평가의 변형으로 생각하면 안 된다. 수행평가는 수업 중에 하는 방식이라야 한다(김덕년, 위의 책, 24-25쪽).」

위 인용 부분 중에서 이 책의 저자는 '수업의 변화가 평가의 질을 높인다면, 평가의 변화는 수업의 질을 높인다'라는 문장에 각주를 달고, 위깅스와 맥타이(Wiggins & McTighe, 2005)의 '백워드 교육과정 설계(backward curriculum design)'를 언급하였다. 위깅스와 맥타이의 백워드 교육과정 설계는 '바라는 결과 확인하기(목적 설정) → 수용할 만한 증거 결정하기(평가계획) → 학습경험과 수업계획 세우기(교육과정과 수업 계획 수립)의 세 단계로 구성된다. 이 교육과정 설계 모형의 가장 큰 특징은 교육과정 개발 과정이 도달해야 할 지점, 즉 바라는 결과를 확인하는 것부터 시작해야 한다고 보는 점에 있다. 교육과정 개발을 도달해야 하는 목표로부터 시작한다는 것은 도착점에 대한 분명한 이해로부터 시작함을 의미하는 것이며, 이는 어디로 가고 있는지, 지금 어디에 있는지를 좀 더 잘 이해할 수 있게 해주는 장점이 있다고도 볼 수 있다(소경희, 2024). 위깅스와 맥타이의 백워드 모형에서는 교사들이 바라는 결과 및 목표를 결정할 때 단순한 암기가 아닌 '영속적인 이해(enduring understanding)'를 이끌 수 있는 교육내용을 선정하는 것에 유의해야 한다고 강조한다. '영속적'이라는 것은 아주 상세한 것들을 잊어버린 후에도 머릿속에 계속 남아 있는 큰 개념(big idea)을 의미하는 것으로, 배울만한 가치가 보편적으로 인정된 아이디어, 주제, 혹은 과정을 뜻하는 것이다. 이처럼 백워드 교육과정 설계 모형에서 이해를 강조하고 있기 때문에 이 모형을 '이해 중심 교육과정'이라고 부르기도 한다.

백워드 모형에서는 목표 확인과 동시에 평가를 고려하는 것이 중요한데, 이 책의 저자는 '성취평가제'가 평가의 패러다임을 크게 변화하게 하였다고 진술하고 있다. 과거의 상대평가가 변별을 중시했다면 성취평가제는 성취도달에 더 중점을 둔다고 하면서, 교사는 자신이 가르칠 내용과 학생이 도달할 성취목표를 분명히 의식하여 수업을 하고 이를 평가할 수 있도록 기준을 세워야 하며, 평가를 통해 다시 성취도달도를 확인해야 한다고 강조하였다.

성취평가제란 무엇인가? 성취평가제는 교육의 본질적 가치를 구현하기 위해 2012년부터 도입된 제도로서, 국가에서 제공한 성취기준과 성취수준을 바탕으로 학생들이 성취기준에 어느 정도 도달했는지를 측정하는 평가제도이다(박은아 외, 2013). 성취평가제는 기본적으로 학생의 학업성취도를 준거참조평가에 기반을 둔 절대적인 기준에 의해서 평가하려는 제도이다. 그래서 성취평가제를 준거참조평가 기반 성취평가제라고 표현하기도 한다. 성취평가제가 도입되면서, 성취평가제는 지나친 경쟁과 서열을 조장하는 종래의 규준참조평가의 문제점을 상당 부분 극복할 수 있게 해준다는 점에서 평가체제의 혁신이라고 표현되기도 했다.

이상의 내용들을 통해 '교육과정-수업-평가-기록의 일체화'가 어떤 배경에서 등장하게 되었는지 살펴볼 수 있었으며, 같은 맥락에서 '교육과정-수업-평가-기록의 일체화'가 필요하다는 주장의 근거를 알 수 있다.

2 '교육과정-수업-평가-기록의 일체화'를 어떻게 해야 하는가?

이 절에서는 '교육과정-수업-평가-기록의 일체화'를 주장하는 이들의 저작을 통하여 '교육과정-수업-평가-기록의 일체화'의 구체적인 방법에 대해 알아본다.

김덕년(2017)은 교사들이 활력이 넘치는 학교는 아이들도 생기가 넘쳤고, 이런 학교들은 공통적으로 수업에 대해 고민하고, 평가를 바꾸려고 했고, 학교생활기록부에 아이들의 활동을 담아내고 있었다고 하였다. '너무 행복하다'고 말하는 교사들이 있는 학교의 특징은 소통이 원활하다는 점이었고, 특히 교사들의 동료성이 매우 중요하다고 하였다. 동 교과끼리 자주 모여야 하고, 이야기를 나누어야 하며, 학교가 시끌시끌해야 한다고 하면서, 살아있는 학교는 '의사결정의 민주성'과 '동료성' 그리고 '나눔'이 세 가지가 도드라졌다고 하였다. 이 세가지 특징에 대해 간략히 살펴본다(김덕년, 2017, 68-72쪽).

① 의사결정의 민주성

활기찬 학교는 의사결정 구조가 민주적이다. 교직 사회는 그 특성상 구성원 하나하나가 독립되어 있다. 교실에 들어가면 혼자서 아이들을 만나야 한다. 그런데도 교무실에서는 수직적이다. 업무가 행정 중심으로 돌아가다 보니 교무실조차 행정 중심으로 배치되어 있다. 교사들이 수업에 집중할 수 있도록 하기 위해서는 행정 중심의 현 체제를 바꾸어야 한다. 학교가 민주적일수록 그 학교는 행정 중심 구조를 뛰어넘는다.

② 동료성

동료성이 중요하다. 교사는 개인적이지만 혼자서 할 수 있는 일은 많지 않다. 정윤리 선생님은 젊다. 서글서글한 인상으로 학생들에게 인기가 높다. 하지만 그에게도 고민이 있었다. 수업을 시작하면 10분 만에 아이들은 딴짓을 했다. 야단치기도 하고 면박을 주기도 했지만, 그럴수록 수업은 점점 더 수렁으로 빠져들어 갔다. 선생님의 고민은 '잘 가르치고 싶다'는 것 하나였다. 무엇을 가르칠 것인가? 어떻게 가르칠 것인가? 질문에 질문이 이어졌지만, 실마리는 가장 기본적인 것에서 나왔다. 수업의 형태에 따라 평가가 달라지고, 기록도 달라진다. 정윤리 선생님은 '교육과정-수업-평가-기록의 일체화' 교사동아리의 막내이기도 하다. 이 동아리는 어떤 형식을 두고 만나지 않는다. 그저

한달에 한번 만나 각자 수업에서 겪은 일을 털어놓는다. 이런저런 이야기를 하다 보면 어느새 혼자만 하는 고민이 아니라는 사실을 알게 되고 위로를 받는다. 그렇게 힘을 얻어 학교로 돌아가 아이들을 만난다. 나와 똑같은 생각을 하는 사람이 옆에 있다는 사실만으로도 충분히 힘을 얻는다.

③ 나눔

나누면 성장한다. 일년에 두 번 하는 '학교생활기록부 기록 나눔 한마당'은 너무나도 뜨겁다. 자신의 경험을 바탕으로 교육과정-수업-평가-기록의 일체화를 통해 학교문화를 바꾼 교사들의 고민을 함께 나눈다. 교사들은 자신의 수업에서부터 평가와 기록까지 이어지는 과정을 자세하게 풀어 놓았다. 입학사정관들은 사례를 들어 학교생활기록부 기록에서 어떻게 수업이 나타나는지를 설명했다. 아침 9시에 시작한 행사는 저녁 5시가 되어서야 끝났다. 이제 더 이상 과거의 패러다임 속에 계속 머물러 있을 수만은 없다. 이런 패러다임의 전환은 나눔으로 확산된다. 나눔은 곧 성장이다. 평가의 패러다임은 상대적 서열 중심에서 개인적 성취 중심으로 전환되고 있다. 아이들을 한 줄로 세우는 평가 말고, 이 아이가 예전보다 지금 얼마나 더 성장했는지를 관심있게 보살피는 모습이 학교에서 일어나고 있다.

1) 평가 패러다임의 변화

과거에 고등학교에서의 내신 성적 산출방식은 9등급제 였다. 내신 9등급제는 성적 산출 결과에 따라 해당 학교의 모든 학생을 일등부터 꼴등까지 한 줄로 세워서 9등급 비율에 맞추는 것이다. 이러한 상대평가 방식에서는 시험이 어렵든 쉽든 상관없이 내가 다른 학생보다

0.1점이라도 더 높은 점수를 받아야만 더 높은 등급을 받을 수 있었으며, 이로 인해 학생들은 바로 옆자리에 앉은 학생도 동료가 아닌 경쟁자로 인식하게 되었다. 서로가 서로를 견제하고 제쳐야만 내가 인정받는 시스템이었다. 현재(책의 출판년도가 2017년임을 참고) 일반고의 학교성적(내신) 기재방식은 성취평가제와 등급제를 병행한다. 2017년 당시에 고등학교에서는 대학입시설명회를 열었는데, 그 당시 강사들은 학교생활기록부가 매우 중요하며, 교과 성적은 가장 기본이라고 했다는 것이다. 당시 고등학교 1학년 학생의 고민은 성취평가제니 등급제니 하는 교과 성적 표기 방식은 잘 모르는 상태였고, 대입 내신성적 반영 방식에만 온 신경이 집중되었다. 학부모나 학생들은 기존의 9등급제에 익숙해져 있었기 때문에 시험이 끝나면 으레 반에서 몇 등을 했는지를 물었다고 한다.

9등급제는 학생간에 상대적인 서열을 비교하여 비율에 따라 석차등급을 낸다. 한 학생이 시험을 어떻게 보았느냐는 그다지 큰 의미가 없다. 다른 학생들의 성적이 어떠하냐가 더 중요하다. 다른 아이들의 성적에 따라 나의 위치가 결정된다. 그러나 성취평가제는 그렇지 않다. 성취평가제에서는 학생이 도달해야 할 성취목표를 중심으로 학업성취수준을 평가한다. 다른 학생의 도달 정도와는 상관이 없다. 그 학생이 과목을 공부하는 동안 도달한 정도에 따라 성취수준을 A-B-C-D-E 또는 A-B-C, P 등으로 구분하여, 학교생활기록부의 성취도 란에 입력한다. 성취평가제가 도입됨으로써 학생을 선발하기 위한 체제에서 학생의 성장에 주목하는 평가로 패러다임이 전환되고 있는 것이다.

성취평가제는 상대적 서열에 따라 '누가 더 잘했는지'를 평가하는 것이 아니라 '학생이 무엇을 어느 정도 성취하였는지'를 평가하는 제도이다. 그러므로 성취평가제에서는 '공부를 잘 한다, 못 한다'로 아이들을 구분할 필요가 없다. 조금 빨리 도달한 아이는 그 아이대로, 그렇지 않은 아이는 그렇게 맞춤형으로 학습할 수 있도록 돕는다. 성취평가제에서는 학생이 무엇을 학습할 것인가(성취기준)와 학생이 얼마나 잘 성취했는가(성취수준)가 제일 중요한 요소이다. 평가결과는 학생의 성취 정도에 대한 정보를 제공하는 것으로 학생은 자신이 도달하지 못한 부분을 개선하면 된다. 이러한 평가가 가능하기 위해서는 사전에 성취기준이 제시되어야 한다. 그리고 학생이 수업의 전 과정에 걸쳐 어떻게 성장하는지를 살피고, 사전에 제시한 성취기준에 도달한 정도를 파악해야 한다. 따라서 당연히 평가방법도 달라져야 한다. 성취기준은 학생이 보여야 할 행동 특성을 중심으로 재진술한 것이므로 평가는 학생의 행동 변화를 보아야 한다.

내신 9등급제는 학생들간의 경쟁을 과열시킨 면이 분명히 있다. 학생들은 서로를 경쟁 상대로 인식해야만 했고, 다른 사람보다 앞서면 당연히 우수한 것이라고 받아들이게 되었다. 다른 학생들보다 더 높은 점수를 받아야만 내가 앞서나갈 수 있다는 생각은 학생들로 하여금 점수에 구속되게 만들었다고 해도 과언이 아니다.

그러나 성취평가제는 학생들이 다른 학생과 경쟁하기 보다 자기 스스로 목표를 정하고 조금 늦더라도 계속해서 걸어나갈 수 있도록 학생들을 돕기 위해 도입된 것이다. 성취평가제가 기존의 패러다임을 바꾸기 위해 도입된 것이므로 혁신적인 지향점을 가지고 있다고 긍정적인 측면을 인정할 수 있다. 다만, 이러한 성취평가제가 제대로 시행되고 있는지를 검토할 필요가 있겠다.

2) '교육과정-수업-평가-기록의 일체화'를 위해 갖추어야 할 조건들

'교육과정-수업-평가-기록의 일체화'가 의도한 방향대로 수업과 평가가 혁신되기 위해서는 몇 가지 갖추어져야 하는 조건들이 있다. 여기서는 그러한 조건들에 대해 살펴보겠다.

① 학교 자체의 역량을 키워야 한다

어떤 학교가 좋은 학교인가? 일반고는 일류 대학에, 특성화고는 좋은 직장에, 중학교는 특목고에 많은 학생을 보내면 좋은 학교라고 일컬어진다. 소위 입시 결과가 좋은 학교를 명문 학교라고 부른다. 입시 명문으로 소문난 학교들에서는 어떻게 수업을 할까? 예를 들어, 입시 명문고등학교의 경우에는 고등학교 3학년 수업이 어떻게 이루어질까? 아마도 이것은 가상의 예일 것이다. 입시 명문고에서는 일류학교에 학생들을 많이 보내기 위해서 매일 문제풀이 수업을 하며 학생들이 수능에서 고득점을 받을 수 있도록 하는 데 집중할 것이다. 수능 정시에서는 1점이라도 높은 아이들이 유리하게 때문에, 성취기준 도달은 부차적인 문제가 될 수 있을 것이다. 문제풀이식 수업에서는 문제풀이 요령을 더 잘 알려주는 교사가 잘 가르치는 교사로 인정받을 것이며, 교과서 보다는 수능 기출문제나 이름난 문제집으로 수업을 할 것이다. 문제풀이식 수업을 하게 되면, 교사의 역할도 중요하겠지만, 사교육 시장의 영향을 무시할 수 없을 것이다. 소위 과목별로 일타강사로 유명한 사람들의 강의가 충분히 많기 때문에 교사가 없어도 충분히 혼자서 수능을 대비할 수 있다는 얘기도 있다.

입시에 초점이 맞춰진 학교에서는 교사들이 수업에 대해 고민하고 학생들과의 상호작용이나 관계를 고민하는 것 조차 별로 필요하지 않을 수 있다. 그러나 만약 혼자가 아니라 여럿이 함께 소수 학생들만을 위한 수업이 아니라 모든 학생들을 위한 수업을 고민한다면, 교사들간의 동료성이 형성될 수 있고, 이를 토대로 지속적인 변화를 모색할 수 있을 것이다. 그리고 변화는 학생의 성장과 발달이 일어나도록 하기 위한 것이다.

학교 자체의 역량을 키우는 것이 중요하지만, 이것도 획일적인 방식으로 이루어져서는 곤란하다. 학교마다 상황이 다르고, 구성원들의 의지와 태도도 다를 수 있기 때문이다. 따라서 학교 자체의 역량을 키우기 위해서는 학교가 처한 상황과 맥락에 대한 고려가 선행되어야 하고, 이에 따른 방안을 마련해야 할 것이다.

② 교육의 원칙과 기준에 따라 꾸준히 실천하면 된다

'교육과정-수업-평가-기록의 일체화'가 잘 되기 위해서는 학교의 문화가 바뀌어야 한다. 학교의 문화가 바뀌기 위해서는 교사, 학생, 학부모 모두가 공동체의 구성원으로서 함께 협력하는 것이 매우 중요하다.

상급학교 입시가 하급 학교에 미치는 영향은 이루 말할 수 없을 정도로 크다. 대학 입시가 고등학교 교육에 얼마나 큰 영향을 미치는지를 생각해보면 된다. 가령, 학생부종합전형의 확대를 생각해보자. 학생부종합전형의 확대가 고등학교 교육에 어떤 영향을 미쳤는가? 사실 고등학교 교사의 입장에서 보면 과거에 수능 정시 위주로 대입 전형이 이루어졌을 때가 편했다는 이야기도 있다. 왜냐하면 학교생활기록부를 어떻게 적어야 할지 별로 고민할 필요가 없었기 때문이다. 즉 학교생활기록부에 기록된 내용이 대학 입시에 별로 영향을 미치지 못했던 것이다. 수능 정시에서 높은 점수를 받기 위해서는 오로지 문제풀이 기술만 잘 터득하면 그만이다. 아이들은 밤늦게까지 수많은 문제들을 풀고 또 풀고 문제풀기를 무한 반복해야 했다. 어쩌다 실수로 한 문제를 틀렸거나 우연히 찍었는데 정답을 맞췄다거나 하는 일들이 언제든지 발생할 수 있는데, 이로 인해 수능 등급이 바뀌고 그 결과 지원하고자 하는 대학이나 학과를 변경해야만 하는 일들이 발생한다면, 이것은 도대체 누구의 잘못이고 누가 책임져야 하는 것인가?

수능 점수만이 강조되면, 대학이나 학과에 대한 적성은 모두 소용없는 것으로 치부되기 쉽다. 적성과 진로에 대한 고민은 없이 그저 점수에 맞춰서, 아니면 선생님이 추천해 주어서 지원했다면 대학 합격과 입학이 어떤 의미를 가질지 장담할 수 없다.

그러나 학생들이 즐겁고 신나게 공부를 하고 교사와 학교는 그들의 성장 과정을 학교생활기록부에 꼼꼼하게 기록하고, 대학은 학교생활기록부에 기록된 내용을 바탕으로 학생들을 선발한다면, 그래서 학생들이 어느 특정한 대학 입학만을 목표로 하여 일년 아니 삼년 동안 치열하게 문제풀이에만 매달려 있지 않아도 된다면, 우리가 시도하고 이뤄야할 교육의 혁신이 실제로 일어날 수도 있지 않을까?

학교의 교사와 행정가들(교장, 교감) 그리고 학생과 학부모가 모두 한마음으로 교육과 평가의 패러다임 변화를 이해하고 공감하며 한 뜻으로 '교육과정-수업-평가-기록의 일체화'에 동참한다면 결국 변화는 일어날 것이다. 다만, 그러한 변화를 이루어내기 위해서는 단기간에 성과를 거두려고 조급해 할 것이 아니라 시간이 오래 걸리더라도 반드시 변화를 이루어내겠다는 굳은 의지와 노력이 뒷받침 되어야 할 것이다. 사실 '교육과정-수업-평가-기록의 일체화'는 갑자기 나타난 새로운 정책이 아니다. 교육의 본연적 기능을 수행하기 위해, 원래 해야 할 것들을 원래 해야하는 방식대로, 교육의 원리와 원칙에 충실하게 꾸준히 실천하면 되는 것이다.

3 '교육과정-수업-평가-기록의 일체화'의 가능성과 한계

1) '교육과정-수업-평가-기록의 일체화'의 가능성 논의

사실 교육과정, 수업, 평가, 기록 간에는 경계가 있기는 하지만, 경계가 느슨한 편이며 상호간에 밀접하게 관련되어 있다. '교육과정-수업-평가-기록의 일체화' 개념을 우리나라의 국가 교육과정의 변화와 관련지어서 생각하면, 7차 교육과정부터 변화의 흐름이 구체화되었다고 볼 수 있다. 7차 교육과정부터는 교육과정의 내용 면에서 지식 중심에서 역량 중심으로 강조점이 변화되었고, 교육방법 면에서는 교사 중심의 수업에서 학생 중심의 학습으로, 평가 면에서는 암기 위주의 평가에서 수행 과정 위주의 평가로 강조점이 달라졌다. 교육과정에서의 목표와 내용은 '성취기준'이라는 용어로 대체하여 사용되기 시작했다.

2015 개정 국가 교육과정에서는 '역량' 개념이 강조되었다. 2015 개정 교육과정에서는 6개의 핵심 역량(자기관리 역량, 지식정보처리 역량, 창의적사고 역량, 심미적 감성 역량, 의사소통 역량, 공동체 역량)이 제시되었다. 교육과정에서의 핵심 역량은 미래 사회에 필요한 능력의 내용과 조건을 구체화한 것으로, 교과 교육과 창의적 체험활동을 포함한 학교교육 전 과정을 통해 중점적으로 기르고자 하는 역량을 의미하며, 핵심 역량은 범교과적이고 일반적인 성격을 지닌 것으로 제시되었다. 최근 개정된 2022 교육과정에서도 일부 명칭이 달

라지긴 했으나(의사소통 역량이 협력적 소통 역량으로 수정되고, 다른 역량들은 동일하게 유지됨) 전반적으로 핵심역량의 개념들이 지속적으로 강조되고 있다. '교육과정-수업-평가-기록의 일체화'는 '성취평가제'와 밀접하게 관련되어 있으며, 성취평가제는 지나친 경쟁과 서열을 조장하는 종래의 규준참조평가의 문제점을 상당 부분 극복할 수 있게 해준다는 점에서 평가체제의 혁신이라고 표현되었다.

2015 개정 교육과정에서 교과 내용은 역량을 중시하는 성취수준이라고 보기 때문에 '교육과정-수업-평가-기록'에서 교육과정은 성취수준을 의미한다. 국가 수준 교육과정의 연구와 개발을 담당하는 한국교육과정평가원에서는 7차 교육과정 이후부터 성취수준과 핵심 역량에 대한 연구를 계속 수행해 왔으며, 2009 개정 교육과정을 준비하면서 교육과정 총론의 6개 핵심역량과 이를 토대로 하여 교과별로 5개 내외의 교과 역량을 개발하였고, 2015 개정 교육과정에 역량 개념을 포함시켰다. 그리고 성취수준과 교과역량을 구현하기 위해서 학생 체험 중심 수업의 활성화를 적극적으로 추진했고, 이는 혁신학교 운동과 연계되면서 배움중심 수업의 확산으로 이어졌다. 단순 지식의 암기 위주로 이루어지는 선택형(선다형) 평가 방식은 역량중심, 배움중심 수업을 정착시키는 데 가장 큰 장애 요인으로 지목되었다. 기존의 평가 방식의 한계를 극복하기 위한 대안으로 수행평가, 학습을 위한 평가, 성장중심평가, 과정중심평가 등의 개념이 크게 강조되면서, 관련된 연구와 논의들이 계속되고 있다.

이상에서 살펴본 것처럼, '교육과정-수업-평가-기록의 일체화'는 7차 교육과정 이후부터 지금까지 교육평가 혁신의 흐름을 대표하는 개념이라고 할 수 있다. 여기서는 과정중심평가의 개념을 중심으로 '교육과정-수업-평가-기록의 일체화'의 가능성에 대해 논의하고 나서,

과정중심평가에 대해 비판적으로 보는 입장을 통해 과정중심평가의 한계에 대해 논의해 보겠다.

2015 개정 교육과정은 학생의 학습과 성장을 지원하고 핵심역량을 갖추도록 하는 하나의 방법으로 '과정중심평가'를 제시하였다. 자유학기제·자유학년제 활성화, 중·고등학교에서의 성취평가제의 도입과 적용, 수행평가 및 서술형 평가의 확대 등은 과정중심평가와 관련이 있다. 과정중심평가는 "교육과정의 성취기준에 기반한 평가 계획에 따라 교수·학습 과정에서 학생의 변화와 성장에 대한 자료를 다각도로 수집하여 적절한 피드백을 제공하는 평가"로 정의되었다(교육부, 한국교육과정평가원, 2017). 그리고 과정중심평가의 방향성을 담는 대표적인 평가 방법이 수행평가라고 제시했다.

교육부와 한국교육과정평가원에 제시한 자료에 따르면, 선발적 평가관에서 성장적 평가관으로 교육평가의 패러다임이 변하고 있다. 과정중심평가는 학습한 것을 확인하는 평가에서 학습을 돕는 평가 그리고 학습이 이루어지는 평가로의 전환으로 꾀하는 것이며, 학생들의 능력을 변별한 후 필요 인원을 선발하는 평가에서 각 학생이 본인의 능력에 따라 최대의 성장을 이루도록 지원하는 평가로 전환하려는 것이다. 또한 평가결과의 환류 대상은 교사로 확대하여 교사의 수업 개선과 궁극적으로 교사의 성장을 지원하는 평가로 전환하려는 것이다. 과정중심평가는 결과 중심 평가와 과정중심평가의 균형을 유지하고자 한다. 학생이 학습의 결과로 무엇을 할 수 있는지를 강조하는 평가에서 교수·학습 과정에서 학생의 학습에 대한 진전과 교수·학습을 통한 성취결과를 균형적으로 아우르는 평가로의 전환을 꾀하려는 것이다. 이러한 측면에서 교육과정과 교수·학습과 평가를 연계하는 것은 수업과 유리되어 독자적으로 활용되는 평가에서 수업과 연계되어 수업을 돕고 수업의 일환으로 실시되고 활용되는 평가로의 전환을 의도하는 것이며, 내용 중심의 평가에서 내용과 연계하여 기능과 역량을 함께 중시하는 평가로의 전환을 이루려는 것이다.

과정중심평가를 뭐라고 정의할 수 있을까? 과정중심평가를 지지하는 것처럼 보이는 연구자나 교사들도 과정중심평가의 통일된 정의를 찾기 어렵다고 보는 듯 하다. 과정중심평가의 통일된 정의를 찾기 어려운 이유는 과정중심평가가 학문에 기반을 둔 학술용어가 아니기 때문이라고 하였다(부재율, 정민수, 2020). 신혜진 외(2017)는 "과정중심평가는 정책적 용어이며 선언적 구호로 특정한 평가 유형을 지칭하는 것이 아니다"라고 주장하였다. 강대일과 정창규(2018)는 과정중심평가를 "평가를 바라보는 하나의 관점이다"라고 정의하고 있으며, 김덕년 외(2018)는 과정중심평가는 '절대평가, 정성평가' 같은 평가방법이 아니라 "교육과정-수업-평가-기록이라는 큰 테두리 안에서 행하는 평가활동이다"라고 규정하였다. 한국교육과정평가원(2018a)은 교육부 훈령을 기반으로 "지필평가와 수행평가로 이분화되어 있는 현재의 학생평가 구분 방식은 과정중심평가를 운영하는 데 혼란을 가져오기도 하는 것으로 나타났다"라고 진술한 바 있는데, 이는 과정중심평가가 일관된 의미로 이해되고 실행되고 있지 않다는 것을 보여주는 것이다. 교육부와 한국교육과정평가원(2017)의 '과정중심평가'의 정의에서 핵심은 '성취기준 기반 평가계획, 교수·학습 과정에서, 변화와 성장, 자료의 다각도 수집, 그리고 피드백'이라는 단어들이라고 볼 수 있다.

한국교육과정평가원(2018a)은 '과정중심평가 내실화를 위한 교사의 평가 전문성 신장 방안 연구'에서 전문가 델파이 조사 방법을 통해 과정중심평가의 의미(개념)를 조사하였다. 해당 연구에서 "과정중심평가는 교육과정의 성취기준에 기반한 평가계획에 따라 교수학습 과정에서 학생의 변화와 성장에 대한 자료를 다각도로 수집하여 적절한 피드백을 제공하는 평가"가 전문가들 가운데 가장 높은 빈도를 차지했고, "교육과정에 제시된 성취기준을 바탕으로 수업과 평가를 연계하여 계획·실행하고 학습의 결과에 대비된 학습의 과정에 초점을 맞추어(결과에 대한 평가를 제외하는 것은 아님) 수행된 평가방법으로 수집된 자료를 학생의 성장과 학습지원·수업의 개선·총괄평가의 근거로 활용할 수 있는, 형성적 목적이 강조된 평가"라는 정의가 그 다음으로 높은 빈도를 차지했다. 한국교육과정평가원(2018a)의 연구에서 두 번째로 높은 빈도를 차지한 '과정중심평가'의 정의가 2015 개정 교육과정 및 교육부와 한국교육과정평가원(2017)에서 제시된 정의와 차별되는 강조점은 '수업과 평가의 연계, 결과평가와 함께 과정평가에 초점, 자료 활용에 총괄평가의 근거 포함, 형성평가를 확대한 형성적 목적이 강조된 평가'로 정리할 수 있다(부재율, 정민수, 2020).

과정중심평가는 결과평가의 반대 용어가 아니라 과정평가와 결과평가를 모두 아우르는 용어이다. 교육부와 한국교육과정평가원(2017)의 '과정을 중시하는 수행평가 어떻게 할까요?'에서는 과정중심평가를 위한 방법으로 수행평가를 권장하고 있다. 그런데, 교육부는 훈령을 통해 학생평가를 지필평가와 수행평가로 구분한다. 수행평가의 강조와 교육부 훈령에 따른 지필평가와 수행평가의 구분으로 인해 과정중심평가의 방법으로 지필평가를 해서는 안 되는 것으로 오해할 수도 있다.

교육부의 훈령에서는 지필평가를 중간고사나 기말고사 같은 정기고사 개념으로 보고 있으므로(한국교육과정평가원, 2018a), 교육부 훈령상의 '지필평가'는 '일제식 정기고사'로 이해하는 것이 적절하다. 한국교육과정평가원(2018b)의 전문가 의견 조사 결과에 따르면, 지필평가의 의미는 종이와 필기구를 활용하여 문항에 대한 응답을 작성하는 평가방식으로 수렴되었다. 지필평가에는 선택형과 서답형이 포함되며, 서답형에는 서술형과 논술형이 포함된다. 서술형 및 논술형 평가는 수행평가의 방법으로 포함될 수 있다. 따라서 과정중심평가를 위한 대표적인 방법으로 수행평가가 권장되었고, 지필평가의 한 유형인 서술형과 논술형이 수행평가에 포함되므로, 과정중심평가의 방법으로 모든 지필평가를 해서는 안 되는 것으로 이해하는 것은 타당하다고 보기 어렵다.

교육부(2019a)는 과정중심평가를 지필평가와 수행평가 모두를 포괄하는 개념으로 정의하고 있으며, 한국교육과정평가원(2018b)에서도 "과정중심평가에서는 지식, 기능, 태도가 학습자에게서 어떻게 발달하고 있는지를 파악하기 위해 학습자의 수행 과정을 평가 대상으로 한다. 이러한 특징을 가장 많이 반영한 평가방법이 수행평가이긴 하지만, 수행 과정은 선택형이나 서답형으로 구성된 지필평가 형식으로도 측정이 가능하기 때문에 과정중심평가에 지필평가를 활용할 수도 있다"고 기술하고 있음을 볼 때, 선택형으로 구성된 지필평가를 과정중심평가에 활용할 수도 있는 것이다.

앞서 언급했듯이 과정중심평가에서는 과정에 대한 평가와 결과에 대한 평가를 동등하게 중시한다. 그럼에도 불구하고, 과정중심평가에서는 결과에 대한 평가 차원의 총괄평가를 배제하는 것으로 오해되기도 하였다. 흔히 교육평가의 유형을 분류할 때, 평가의 시기와 목적에 따라 진단평가, 형성평가, 총괄(총합)평가로 분류하는 것이 일반적이었다. 총괄평가는 "일정한 기간 동안의 수업이나 일정한 단원의 학습

지도가 종결되었을 때 해당 단원, 학기, 학년 등의 학업에 관하여 성취도를 총합적으로 검사하여 성적을 평가하고 판정하며, 그 결과를 행정적 의사 결정에 반영하고, 학생이나 학부모에게 통지하려는 것을 목적으로 하는 평가"라고 정의될 수 있다(고영희 외, 2018). 또한 총합평가는 상대적으로 서열 등이 중시는 평가라고 서술되고 있으므로, 상대평가 목적의 총괄평가는 과정중심평가의 취지에 부합하지 않는다.

그러나, 기존의 시기에 따른 진단, 형성, 총괄의 구분 대신 형성적 기능과 총괄적 기능의 강조에 따라 혼합적 형성평가와 총괄 기반 형성평가, 그리고 교실상황의 총괄평가와 대규모 표준화 검사를 통한 총괄평가로 세분화한 구분이 주목받고 있다(McMillan, 2018, 한국교육과정평가원, 2018a 재참조).

표 4-1 교실수준의 형성평가와 총괄평가의 세분화 구분

형성적 평가	혼합적 형성평가	매일, 지속적으로 실시간 이루어지는 교수와 학습이 실질적으로 혼합된 상태의 평가
	총괄 기반 형성평가	총괄평가 결과를 활용하여 학습을 향상시키기 위한 피드백과 교수활동을 하는 평가
총괄적 평가	교실상황의 총괄평가	학생들이 무엇을 알고 할 수 있는지를 나타내기 위해 점수나 등급을 부여하기 위한 평가
	대규모 표준화 검사를 통한 총괄평가	교사와 학생의 책무성 점검을 위한 평가

출처: 한국교육과정평가원, 2018a

위 표에 따르면 총괄 기반 형성평가는 이전 분류에 따르면 총괄평가이지만 형성적 기능이 뚜렷하므로 형성적 평가로 분류할 수 있다. 형성적 역할을 수행하는 총괄평가는 과정중심평가에 부합된다. 따라서 평가의 분류가 아니라 형성적 기능을 수행하는지 여부가 과정중심평가의 포함 여부를 결정한다. 한국교육과정평가원의 연구(2018a)에서도 "우리나라의 수업 상황에 기반하여 도입된 과정중심평가의 개념은 비단 학습의 과정에서 지속적으로 이루어지는 형성평가만을 강조하는 것은 아니며, 이와 동시에 총괄평가의 역할도 고려하고 있다고 볼 수 있다"고 함으로써 총괄평가를 과정중심평가에 포함시키는 입장을 지지하고 있음을 보여준다.

마지막으로 과정중심평가의 가능성과 관련하여 과정중심평가가 수업의 과정과 피드백을 포함함으로써 수업의 질을 지속적으로 개선하고자 한다는 점을 살펴보고자 한다. 과정중심평가에서는 학생의 교육목표 도달도를 확인하고 교수·학습의 질을 개선하는 데 주안점을 둔다. 2015 개정 교육과정 총론의 평가 관련 지침에 따르면, 과정중심평가가 이루어지기 위한 원리들은 다음과 같다(교육부, 2015).

첫째, 과정중심평가는 학생의 서열 정보 산출을 목적으로 하는 규준참조평가가 아닌 준거참조평가로 이루어져야 한다.

둘째, 과정중심평가는 성취기준을 중심으로 이루어진다. 수업과 평가의 연계를 위해 반드시 성취기준에 기반을 둔다. 과정중심평가에서는 교육과정에 대한 문해력이 중요하며, 특히 성취기준을 잘 분석하고 이해해야 한다.

셋째, 서술·논술형 평가를 포함하여 수행평가는 과정중심평가 실천을 위한 우선적인 평가방법이다. 과정중심평가를 위해서는 수행평가를 전제로 하고 오랜 기간 사용해 온 선택형 지필평가 대신 수행평가를 중심으로 평가를 계획하고, 개발하고, 실시하고, 결과를 해석·활용해야 한다.

다섯째, 과정중심평가는 교실에서 교사를 통해 이루어진다. 2015 개정 교육과정은 교사별 평가를 권장한다. 반재천 외(2018)는 과정중심평가의 운영을 위해서 표준화된 평가 대신 교사별 평가가 필요함을 강조하며, '교사별 과정중심 학생평가'라는 용어를 사용하고 있다.

이상의 다섯가지 원리에 비추어 보면, 교사는 과정중심평가 운영의 중심에 있다고 할 수 있다. 강대일과 정창규(2018)는 과정중심평가를 위한 교사의 역량으로 교육과정 문해력과 학습전략 처방능력을 강조하고 있다. '성취기준 기반 교수·학습과 평가 계획'과 '즉각적이고 개별적인 피드백'이 과정중심평가의 핵심이며, 교사의 교육과정 문해력과 학습전략 처방 능력은 이와 깊이 관련되어 있다. 학습전략 처방 능력이란 개별 학생이 교육목표에 도달하기 위해 부족한 부분이 무엇인지 정확히 진단하고 이를 해결할 수 있는 학습전략을 수준별 맞춤형으로 처방해 줄 수 있는 능력을 말한다. 그런데, 평가를 계획하고, 개발하고, 수업시간 중에 평가를 하고 학생에게 맞춤형 피드백을 제공하고 기록하는 것은 매우 힘든 업무이다. 김덕년 외(2018)에 의하면, "과정중심평가는 순전히 교사의 몫이 크다. 과정중심평가는 학생에게 피드백을 수시로 주는 관계를 만들어야 하기에 많은 시간과 에너지가 든다. 교사들은 수업 시간과 수업 외 시간을 예전보다 훨씬 많이 투자해야 한다"고 과정중심평가를 실천하는 데 대한 어려움을 호소하고 있다. 그렇기 때문에 반재천 외(2018)의 연구에서 초등 교사들은 교사별 과정중심 학생평가를 위해 필요한 조치로 '교수·학습과 직접 관련이 없는 교사의 행정 업무 최소화'와 '교사별 학습 학생 수 적정화'를 들고 있다.

이상에서 '교육과정-수업-평가-기록의 일체화'의 가능성을 과정중심평가를 중심으로 살펴보았고, 이하에서 '교육과정-수업-평가-기록의 일체화'의 한계에 대해 논의한다.

2) '교육과정-수업-평가-기록의 일체화'의 한계 논의

과정중심평가의 개념이 제시되었음에도 불구하고, 과정중심평가의 개념과 실행 방법에 대해서 여전히 논란이 되고 있는데, 형성평가, 과정평가, 수행평가 등과 과정중심평가 간에 개념 구분이 명확하지 않다는 점, 과정의 범위가 어디까지인지 불분명하다는 점, 과정평가의 결과를 어떻게 기록해야 하는지 등에 대해서 명확한 기준이 제시되고 않고 있다는 점 등이 논란이 되고 있다(박지현 외, 2018; 박정, 2017; 이경화 외, 2016).

먼저 형성평가, 과정평가, 수행평가 등과 과정중심평가 간에 개념 구분이 명확하지 않다는 비판에 대해 살펴본다. '교육과정-수업-평가-기록의 일체화'의 필요성을 주장하는 연구자나 교사들은 과정중심평가는 형성평가와 다르다고 말한다. 가령, 유영식(2017)에 의하면, 과정중심평가는 형성평가와는 다른 개념이다. 첫째, 과정중심평가는 형성평가보다 큰 범위의 개념으로 평가에 대한 전체적인 패러다임을 제시한다. 과정중심평가는 발달적 평가관의 관점과 학습을 위한 평가, 학습으로서의 평가와 결과뿐만 아니라 학습의 과정을 중시하는 내용적인 측면과 통합 지식 및 핵심 역량, 인지적·정의적 측면까지 평가의 영역을 확대·요구하는 평가 전반에 대한 패러다임을 전환하는 개념이다. 그러나 형성평가는 교수·학습의 시기에 따른 분류 방법으로 과정중심평가보다 개념이 협소하다. 둘째, 과정중심평가와 형성평가는 학습 결과의 기록에서 차이가 있다. 형성평가는 교사가 교수·학습상 참고자료로 활용하기 위해 평가할 뿐 학생의 학습 결과인 성적 산출 자료로 활용하지 않는다. 그러나 과정중심평가에서 평가는 학생들의 학습 결과(나이스의 교과학습 발달 상황의 입력 근거자료)로 기록할 수 있다. 과정중심평가는 이러한 측면에서 형성평가 뿐만 아닌 총괄평가의 성격도 함께 포함하고 있다. 과거에는 교사가 참고 자료로 활용하기 위해 수업 중에 형성평가를 하고, 학습의 결과를 기록하기 위해 별도로 중간·기말고사의 총괄평가를 실시하였다. 이상의 내용을 종합해 보면 과정중심평가와 형성평가의 차이점은 형성평가가 진단평가와 총괄평가처럼 평가를 하는 시기상의 구분이라면 과정중심평가는 평가에 대한 관점, 목적, 방향, 시기, 내용, 방법, 교육과정 및 수업과의 연계 등 평가의 관점을 총체적으로 전환하는 개념으로 볼 수 있다.

반면, 과정중심평가와 형성평가를 유사한 개념으로 보는 이들도 있다. 김순남(2020)은 형성평가와 과정중심평가의 정의를 세밀히 분석해 보면 형성평가와 과정중심평가는 동의어가 아니라는 점에 주목할 필요가 있다고 주장하였다. 그에 따르면, 과정중심평가는 학생들이 학습하는 과정에 대한 평가라면 형성평가는 학생의 수업 시간 내에서 활동을 평가하는 개념이 아닌 학생이 수업이 끝날 무렵 그 수업에 어느 정도 성취가 이루어졌는지를 평가하는 개념이다. 즉 형성평가가 수업을 한 후 어느 정도 목표 달성이 이루어졌는지를 알아보는 결과중심평가라면 과정중심평가는 수업이 진행되는 과정에 이루어진다는 점에서 차이가 있는 것이다. 따라서 과정중심평가를 형성평가로 보는 관점은 오류가 있는 것이다.

과정중심평가를 그와 유사한 용어들, 형성평가, 수행평가, 수시평가 등과 구분하는 이들은 과정중심평가가 수행평가와도 의미가 다르다고 주장한다. 김순남(2020)은 주장을 살펴보면 다음과 같다. 수행평가와 과정중심평가를 동일시하는 경향을 볼 수 있는데, 학교 현장에서 과정중심평가의 적용을 수행평가로 대치하는 경향을 볼 수 있기 때문이라고 하였다. 그러나, 그에 따르면 수행평가일지라도 수행의 결과를 중심으로 평가하는가 아니면 수행 과정을 평가하는가에 따라 결과중심평가와 과정중심평가로 나누어 볼 수 있기 때문에 수행평가가 과정중심평가와 동일시되는 평가는 아니다. 수행은 구체적인 상황에서 실제로 하는 과정이나 그 결과를 의미한다. 수행평가를 원래 의도하는 바대로 시행하면 그것으로도 충분히 과정중심평가의 방향성을 담을 수 있다. 그러나 기존의 수행평가는 결과만을 강조하여 학생의 전인적 성장과 발달을 촉진하는 데 한계가 있다. 따라서 수행평가는 대안적 평가, 실제적 평가, 직접평가, 과정평가 등이 가지고 있는 특성을 모두 포괄하는 의미로 사용하고 있다. 따라서 김순남(2020)은 수행평가에서도 과정중심평가와 결과중심평가가 있어 우리나라에서 현재 진행되고 있는 수행평가에 과정적 요소보다 결과적 요소가 많으므로, 과정중심평가를 수행평가로 오해해서는 안 되는 것이라고 주장하고 있다. 그는 일반적으로 사람들이 과정중심평가를 수행평가라는 관점을 취하나 그것은 명확히 서로 구분되는 개념으로 보아야 한다고 주장하였다.

김순남(2020)의 견해를 요약하면, 과정중심평가는 수행평가 및 형성평가와 동의어가 아니다. 수행평가와 형성평가를 실시하는 데 있어서 방법은 과정중심으로 평가하는가, 결과 중심으로 평가하는가를 고려할 수 있는데, 학생의 활동 과정을 평가한다면 과정중심평가일 것이다. 만약 수행평가나 형성평가를 결과중심으로 평가한다면 그것은 과정중심평가라고 할 수 없다.

과정중심평가를 강조하는 교육부의 방침(교육부, 한국교육과정평가원, 2017)은 교육과정에서 규정하는 핵심역량의 성취 여부 혹은 주어진 문제상황을 해결하는 수행의 과정에서 발휘된 역량을 평가하는 방식으로 도입된 것으로, 미래사회의 변화에 대응하기 위한 역량 중심의 교육과정에 따른 적절한 평가방식으로 이해될 수 있다. 과정중심평가는 단순히 지식을 획득한 정도에 따른 결과 중심의 평가제도를 탈피하여 교수·학습의 과정을 주목하여 학생의 개별적인 성장을 도모하는 평가 패러다임의 전환을 추구한다는 점에서 의의를 지닌다.

그러나, 교육현장에서는 과정중심평가에 대한 우려가 제기되고 있다. 특히 과정중심평가를 실시하는 중심인 교사의 평가 전문성 확보 여부, 평가 전문성 및 기준의 차이에 따른 편차 여부 등을 위시하여, 현실적으로 대입시험 제도와 연계의 어려움 등이 문제점으로 제기되고 있다. 한편에서는 대입제도 중 학생부종합전형을 대비하여, 교과세부능력 및 특기사항에 기재할 내용을 확보하기 위해 수행평가를 강조하는 것이라는 주장도 제기된다. 학생부 종합전형에 기록할만한 내용으로서 평가의 방법이 다양화되는 것은 교육적으로 타당한 접근이라고 볼 수 있다. 다만, 학생의 수행을 기록하는 주체인 교사의 전문성에 대한 외부의 신뢰가 크지 않은 상황에서 선발의 도구로서 평가가 그대로 활용될 경우 공정성 여부가 논란이 될 수 있다. 이와 관련하여 2019년 1월에 한국교육과정평가원의 게시판에 어느 교사(글쓴이의 실명이 공개되지 않고, '이**'으로 나옴)가 '과정중심 평가문항 연수에 대한 문제 제기'라는 제목으로 여러 가지 질문을 제기하였다. 이하는 주요 질문의 내용을 요약한 것이다.

- ❑ 지식보다 중요한 것이 실생활에 적용하는 역량이라는 것은 근거가 있는 주장인가? 장기기억으로 저장된 지식 없이 적용능력이 생기는 것인

가? 2015 개정 교육과정은 핵심역량을 키우되, 기존의 지식전달 교육도 폐기한 것이 아니다. 그런데 키우려는 핵심역량과 지식의 학습시간 비율이 어떻게 되는지 나와 있지 않으며, 지식과 관련한 학습방법도 구체적으로 제시하지 않고 있다.

❑ 교육평가는 학생을 어떻게 성장시킬 것인가에 주안점을 두어야 한다고 하는데, 성장이라는 말은 좋지만, 방향이 없다. 평가를 통해서 무엇을 성장시킬지가 모호하다. 학교에서 실제로 하는 구체적인 평가에서 무슨 역량을 강화한다는 것인지 그 범주를 구분하기 어렵다.

❑ 2015 개정 교육과정에서는 단순 지식이 아니라 역량을 강화하는 것으로 평가방식도 서술형·논술형 문제와 수행평가 중심으로 하라고 한다. 그런데, 왜 성취도평가는 선다형으로 하는지에 대한 설명을 못하고 있다. 교육과정을 바꾸었으면 그 교육과정을 점검할 수 있는 방식의 새로운 성취도 평가방법이 제시되어야 한다. 게다가 지역과 발달 정도에 따른 차이를 인정하지 않는 전구 동시에 보는 공통 성취도 평가의 문제도 고민하지 않고 있다.

❑ 2015 개정 교육과정은 역량이 수준에 도달했음을 확인하기 위해 기존의 학교에서의 평가방식을 절대평가로 전환해야 한다고 하는데, 교육과정이 지향하는 절대평가와 여전히 변별력을 중시하는 수능과의 충돌은 어떻게 해결해야 하는가?

❑ 과정중심평가는 개별교사의 평가 역량이 중요하다고 하는데, 과정중심평가를 하면 동일 학교에서 서로 다른 교사들 사이에서 자유롭게 성적 등급을 부여해도 되는 것인가? 한 교사가 자신만의 평가기준을 만들어 수업하는 반에 대해 평가를 했는데, 다른 교사가 들어가는 반의 성적 등급과 차이가 난다면 어떻게 해결하는 것이 바람직한가? 만약 이를 해결하려고 교과별협의회에서 전체학생의 성적 등급 분포비율을 맞추는 방식을 취했다고 하자. 그러면 과정중심평가의 취지와 어긋나는 것

아닌가? 그래서 한국교육과정평가원은 학교별로 과정중심평가의 기준을 어떻게 잡을 것인지, 부여하는 성적 등급에 대한 공정성과 신뢰성의 최소 기준을 무엇으로 할 것인지 그 기준도 제시해야 한다.

❑ 개별적인 학생들의 역량을 올리는 것이 교육과정의 목표라면, 수업과정과 평가가 연계되어야 하므로 당연히 교사들간에 평가방법을 억지로 맞추려 들지 말고 교사별로 평가방법을 달리 해야 하거나 달리 할 수도 있다고 한다. 그런데, NEIS의 평가항목 편성을 보면, 개별교사들이 자유롭게 할 수 없다. 같은 과목의 교사 한 명이 평가방법을 작성하면 다른 교사들은 다 똑같은 평가항목을 받아들여야 한다. 평가방법을 개발하고 자유롭게 평가를 하라고 하면서도 NEIS와는 전혀 연계를 하지 않는 것도 미흡해 보인다.

❑ 절대평가로 전환하면 A등급 비율을 고정할 필요가 없지만, 현재 성적검사 지적사항에서는 과도하게 숫자가 많을 때에는 경고하고 있다. 한국교육과정평가원은 평가연수를 하기 전에 교육청과 이 모순을 해결하기 위한 협의도 진행했는지 궁금하다.

❑ 성적 등급에서 90% 이상이 A라고 한다면 이때 90%의 의미는? 전체 학생 중에서 비율인지, 90점인지, 가르친 내용의 이해 정도인지 알 수 없다. 90점 이상을 A로 정한 이유는 단지 상급교육기관의 진학기준을 위해 전국적으로 통일하여 줄세우기를 하려는 교육적 편의에 기댄 것은 아닌가?

❑ 교육과정에서는 대단원별 성취기준은 반드시 한문장씩 들어 있다. 이에 벗어난 문제를 내면 선행학습이 될 소지가 있다고 하는데, 성취기준을 학령에 따라 학년별로 나눠 정했는데, 그 기준도 모호할뿐더러 수준별 발달 정도, 지역 차이 인정이라는 취지와도 모순된다. 문제의 경직성을 피하기 위해 성취기준을 보다 넓게 해석할 여지는 있는 것인가?

이상의 질문 내용에 대하여, 김승호(2019)는 다음과 같은 견해를 제시하였다.

「질문을 한 교사는 교육과정 관련 이론을 개발한 전문가들로부터 연수를 받았지만, 교육과정 실행자인 교사 입장에서는 의문이 많이 발생하여 과정중심평가나 역량중심 교육과정을 실천하기 어렵다는 것이다. 또한 지식 교육이나 성취도평가 등 기존의 교육 영역에 대해서 오히려 혼동이 가중되고 있다는 불만을 드러내고 있다. 교육과정 관련 이론을 개발하고 시·도 교육청에서 이를 실천할 수 있도록 연수자료까지 개발하여 제공한 전문기관은 질문 다음 날 "문의주신 내용은 서울특별시교육청에서 주관하였으며, 해당 교육청에 문의하여 주시기 바랍니다"라는 의외의 답변을 하고 있다. 필자가 보기에 이 질문은 교육과정을 실천하는 학교 현장의 어려움을 잘 드러낸 것으로 연수주관 교육청에 답변 책임을 전가해서는 안 되는 것이라고 여겨진다.」

역량중심 교육과정 또는 과정중심평가을 실천해야 하는 교사들은 다양한 고민을 하고 있는 것으로 보인다. 이주연의 연구는 연구학교를 운영하는 과정에서 교사들이 경험하는 중요한 고민 중의 하나가 역량을 강조하여 교과간의 연계·통합 수업이나 학생의 참여 활동을 강조함에 따라 상대적으로 이론 및 교과 내용을 소홀히 하여 학력이 낮아지게 될까 봐 우려하지 않을 수 없다는 점이라고 밝혔다. 아울러 평가와 관련된 문제가 크게 고민이 되고, 교과 진도에 대한 부담도 크다고 밝혔다.

한편 반재천 외의 연구(2018b)에서는 과정중심평가를 교사별 과정중심평가로 보고, 교사들이 교사별 과정중심평가에 대해 어떻게 인식하고 있는지를 살펴보았다. 이 연구에서 교사별 과정중심평가는 교사별 학생평가와 관련되는데, 교사별 학생평가란 "교사들의 교육기획권을 확대시켜 주기 위하여 개별 교사들이 자신들이 가르친 내용을 중심으로 학생들을 평가하고, 자신이 가르친 학생만을 모집단으로 하여 석차를 부여하는 방식(김재춘, 설현수, 손종현, 2005)을 말한다. 교사별 과정중심평가는 일선 학교에서 일반적으로 이루어지고 있는 교과(학년)별 학생평가(교사들이 공동으로 평가계획 수립, 평가 문항 개발, 시행하는 방식)와 평가 형식이 매우 다르기 때문에 만약 교사별 과정중심평가가 도입되면, 일선 학교에 미치는 영향력이 매우 클 것이라고 예측하고, 교사별 과정중심평가와 관련하여 교사들을 대상으로 한 인식 조사, 특히 이 제도에 대한 찬반, 기대 및 우려사항, 제도 도입 시기 및 방법 등에 대해 조사하였다.

반재천 외의 연구(2018)의 결과에 의하면, 초·중학교 교사들은 공통적으로 수업-평가의 연계가 강화된다는 점, 개별 학생의 수준에 맞는 평가를 실시하기가 용이해지고, 따라서 평가 결과에 따라 개별 학생의 능력, 발달 과정, 부족한 점을 파악하고 지도하기 용이해질 것이라는 기대, 학생의 배움과 성장을 촉진하는 평가로 전환될 것이라는 점 등을 교사별 과정중심평가 도입의 긍정적 측면으로 보았다. 한편, 교사별 과정중심평가의 부정적인 측면에 대한 초·중학교 교사들의 자유의견을 수합한 결과, 교사의 업무 과중 및 시간 소요로 인해 전반적인 교육의 질이 저하될 수 있다는 점, 평가의 공정성·객관성 확보가 어려워 평가에 대한 불신 증가 가능성, 교사간 역량 및 성실성 차이에 따라 학생에게 제공되는 수업·평가의 질에서 편차 심화 가능성 등이 제시되었다. 이를 종합해 보면, 초·중학교 교사들은 교사별 과정중심평가를 도입하기에 어려운 점 및 부정적으로 인식하는 원인은 시간적·물리적인 교육환경(업무 과다, 시간 부족, 학생 수 과다), 평가의 공정성·객관성 확보 방안 부재, 사회적 문제(평가에 대한 불신, 학부모와 학생의 혼란과 논란, 민원 증가)로 나타났다. 따라서 이러한 문제를 체계적으로 고려하여 문제점을 최소화할 수 있는 환경과 제도를 마련하고 사회적 분위기를 조성해야 할 필요가 있다.

이 장의 앞부분에 인용한 여러 연구에서도 언급되었는데, 결국 교사별 과정중심평가에서 교사의 평가권 강화의 열쇠는 교사의 평가 전문성 신장이라고 볼 수 있다. 교사별 과정중심평가를 운영하기 위해서는 교사가 자신의 교수·학습과 평가에 대한 타당성(교육과정 성취기준에 도달하는 데 적합한 수업내용과 교수법, 학생들이 수업을 통해 배워서 알게 된 것과 할 수 있는 것을 드러낼 수 있는 평가과제의 개발과 채점기준표 개발 등)을 발휘할 수 있도록 평가 전문성을 함양해야 하며 이를 위한 교사 연수 프로그램 개발과 정책적인 지원이 이루어져야 할 것이다. 하지만, 앞에서 어느 교사가 한국교육과정평가원 게시판에 올린 글 '과정중심 평가문항 연수에 대한 문제 제기'에서 보듯이, 단순히 평가 전문성 개발을 위한 연수를 실시한다고 해서 복잡한 문제들이 쉽게 해결될 것이라고 기대하기는 어렵다.

제 5 장

평가 체제의 혁신과 IB 교육과정

교육평가의 탐구 ❷

교육평가의 확장

제5장
평가 체제의 혁신과 IB 교육과정

4장에서 살펴본 과정중심평가는 교육과정과 수업 및 평가를 혁신하려는 노력에 해당한다고 볼 수 있다. 최근 우리나라의 교육과정과 교육평가 분야에서 성취기준의 도입, 역량중심의 교육과정 강조, 자유학기제 도입, 성취평가제 도입 등 교육체제 전반에 걸쳐 변화와 혁신의 움직임이 작동하고 있다. 그러므로 이 장에서는 평가 체제의 혁신을 위한 여러 접근들에 대해 살펴보고자 하며, 그 가운데 IB 교육과정에 대해 보다 상세히 분석해 보고자 한다.

박혜영 외(2018)의 연구에서는 초·중등학교의 미래 교육평가 비전을 설정하고 이를 수행하기 위한 노력과 개선점을 도출하여 교육과정, 교수학습, 교육평가가 연계된 역동적 교육, 학생의 성장을 돕는 평가로 교육평가가 변화하기 위한 미래 지향적인 교육평가 정책을 제안하였다.

1 평가 체제의 혁신 관련 연구

박혜영 외(2018)의 연구는 2030년 미래사회의 교육 비전을 교육과정, 교수학습, 교육평가 측면에서 심층적으로 살펴보고자 진행된 3개년 연구 가운데 3년차 연구에 해당하며, 1차 연도 연구는 주형미 외(2016)의 연구, 2차 연도 연구는 박선화 외(2017)의 연구 이다. 이 3개년 연구의 1차 연도에는 미래 사회의 변화 전망과 미래 초·중등학교의 교육 방향을 주제로 국내외 미래 교육변화의 방향 추세 분석, 2030년 미래 교육에 대한 국제 동향 분석, 미래 초·중등학교의 교육 방향 탐색, 미래 초·중등학교의 교과교육에 대한 요구 분석, 2030년 미래 초·중등학교의 교과교육 전망 탐색 등이 연구되었다. 2차 연도에는 미래 초·중등학교의 교수·학습의 방향을 주제로 2030 미래 유치원 및 초·중등학교의 교수·학습 관련 선행 연구 분석, 미래 유치원 및 초·중등학교의 교수·학습 방향 탐색을 위한 실태 및 요구 분석, 미래 사회 대비 국내외 교수·학습 운영 사례 분석, 미래 교수·학습 방향을 구현하기 위한 가상적 수업 예시 상황 구안 등이 연구되었다. 3차 연도 연구에서는 미래 초·중등학교 교육평가의 방향을 주제로 미래사회 대비 초·중등학교 학교교육 비전 및 교육평가 관련 선행 연구 분석, 미래사회 대비 초·중등학교의 교육평가 요구 분석, 국내외 미래학교 및 미래교육 연구기관의 교육평가 사례 분석, 미래사회 변화에 따른 우리나라 초·중등학교 교육평가의 비전 수립, 2030년 초·중등학교 교육평가 실현을 위한 정책 제언 및 중장기 로드맵 제시 등이 이루어졌다. 이 장의 주제는 평가 체제의 혁신이므로 위의 3개년 연구 중에서 3년차 연구내용을 주로 살펴보겠다.

박혜영 외(2018)의 연구의 핵심 내용은 'V장 미래 초·중등학교 교육평가의 비전과 전망'과 'VI장 요약 및 정책 제언'이라고 볼 수 있는데, 먼저 V장 미래 초·중등학교 교육평가의 비전과 전망을 요약해 본다.

연구진은 1, 2차 연도의 연구를 바탕으로 미래 우리나라의 사회 변화에 대한 전망을 바탕으로 2030년 미래 학교교육의 방향과 비전을 도출하였는데, 이를 가리켜 'DEEP(Diversity, Excellence, Equity and Participation)'이라고 표현하였다. 'DEEP'은 다양성, 수월성, 공정성을 기반으로 개별 학생의 잠재력이 발휘될 수 있도록 하는 것을 의미하며, 여기서 다양성(Diversity)은 통일 한국 사회와 세계화 확대에 따른 다문화 사회에서 다양한 학생 개개인의 인지·정서·행동적 특성과 요구를 인정하고 그에 대해 맞춤형 교육을 제공하는 것으로, 수월성(Excellence)은 모든 학생들이 나름대로 내적인 소질과 장점들을 지니고 있다고 신뢰하면서 각자의 소질과 장점이 탁월하게 발휘될 수 있도록 최선의 교육을 제공하는 것을, 공정성(Equity)은 학생들이 처한 개인적 사회적 배경에 따라 차별받지 않고 각자 최소한의 필수 교육 기준에 도달하도록 책임지는 교육을 제공하는 것을, 참여성(Participation)은 급변하고 불확실한 미래사회에서 공동체가 처한 문제해결에 적극 참여하고 자기 주도적인 삶을 영위하도록 협력하는 교육을 제공하는 것을 의미한다. 이를 종합하여 2030년 미래 학교의 비전(DEEP)은 다음과 같이 서술되었다.

「2030년 미래 학교 교육은 통일 한국 사회와 더욱 확대화된 세계화로 인한 다문화 사회에서 다양한 학생 개개인의 인지적·정의적·행동적 특성 및 요구를 인정하면서 학생 개인의 다양성을 고려한 맞춤형 교육을 제공하고, 모든 학생들의 내적인 소질과 장점을 신뢰하는 가운데, 각자의 소질과 장점이 탁월하게 발현될 수 있는 최선의 교육을 제공하며, 학생들이 처한 개인적 사회적 배경을 차별하지 않으면서 최소한의 필수 교육 기준에 도달할 수 있도록 책임지는 교육을 제공한다. 또한 공동체가 처한 문제 해결에 적극 참여하고 자기 주도적

삶을 영위하도록 협력하는 교육을 제공함으로써 궁극적으로 학생 개개인이 지닌 고유의 잠재력을 최대한 발휘하도록 한다.(박혜영 외, 2018; 173쪽)」

연구진은 이와 같이 설정된 2030년 미래 학교교육의 비전의 주요 개념 간 논리적 연관 관계를 아래의 표로 제시하였다.

표 5-1 DEEP의 주요 개념과 논리적 연관

주요개념	맥락	가치	실천적 목표
다양성	통일한국과 다문화 사회	학생 개개인의 인지적·정서적·행동적 특성 및 요구 인정	맞춤형 교육
수월성	혁신과 창의성 기반 사회	학생의 내적인 소실과 장점에 대한 신뢰	최선의 교육
공정성	양극화 및 불평등 문제	학생들의 개인적 사회적 배경을 차별하지 않는 책무	책임지는 교육
참여성	급변하고 불확실한 미래사회	공동체가 처한 문제해결에 적극 참여하는 협력적·자기주도적 인간 요구	협력하는 교육

출처: 박혜영 외, 2018, 173-174쪽.

박혜영 외(2018)는 2030년 미래 학교 교육의 비전인 다양성, 수월성, 공정성, 참여성을 바탕으로 학교 교육에서 추구하게 될 교육평가의 지향과 비전은 델파이 조사 결과 및 각종 문헌 조사, 전문가 협의회, 국내외 사례조사 등에서 수합된 관련 자료를 종합적으로 고려하여 설정하였다. 이에 따라 2030년 미래 학교의 교육평가 비전은 다음과 같이 제시되었다(박혜영 외, 2018; 176쪽).

2030년 미래 학교의 교육평가 비전

2030년 미래 교육평가는 사회 구성원의 다양한 가치와 문화, 개인의 다양한 특성과 차이를 포용적이고 유연한 자세로 통합하며, 최상의 교육 프로그램을 효과적으로 학습하여 학생 개개인이 자신의 장점을 탁월하게 발휘할 수 있도록 돕고, 개인의 역량과 특성을 고려한 개별화, 맞춤형 교육을 통해 학생이 무한히 성장할 수 있도록 지원하기 위한 평가를 지향한다. 또한 개인적·사회적 배경에 따른 차별 없이 사회 구성원으로서 삶을 영위하는 데 필요한 최소한의 필수 교육 기준에 도달할 수 있도록 지원하는 평가를 지향하며, 공동체가 처한 문제 해결에 적극 참여하고 자기 주도적 삶을 영위하도록 협력하는 능력을 평가하여 학생 개개인이 지닌 고유의 잠재력을 최대한 발휘하고 이것이 공동체의 발전에 기여하도록 한다.

이를 위해 미래 학교 교육에서 이루어질 평가는 첨단과학기술의 발달에 따른 평가 체제와 기술의 고도화를 수용하는 가운데, 학생의 성장을 돕는 과정 중심의 평가, 개인의 특성과 진로, 적성 및 특기를 고려한 맞춤 평가, 전통적인 인지 능력 측정을 넘어 보다 다양하고 다층적인 학생의 능력과 특성에 관한 정보를 수집-해석-활용하는 평가를 지향하며, 이는 궁극적으로 학생이 자신의 잠재력을 발휘하며 지속적으로 성장할 수 있는 토대를 제공한다.

박혜영 외(2018)의 연구에서 2030년 미래 학교 교육평가의 비전을 실현하기 위해서 미래 교육평가 변화의 핵심 동인을 추출하고 2030 우리나라 초·중등학교 교육평가의 방향성을 가늠할 수 있는 핵심 키워드 네가지(과정중심평가, 개인맞춤형평가, 다(多)영역평가, 테크놀로지활용평가)와 방해요인 세가지(교사의 평가전문성, 교육 주체의 평가 개선에 대한 인식 부족, 현쟁 평가 제도의 문제)를 도출하였다.

이하에서는 교육평가의 방향성을 가늠할 수 있는 핵심 키워드 네가지에 대해 먼저 설명하고 나서, 방해요인 세 가지에 대해 짧게 살펴보겠다.

테크놀로지 활용 평가는 발달된 테크놀로지를 효과적으로 활용하여 교육의 과정에서 개별 학생에 관한 다양하고 유용한 정보를 산출, 해석, 활용하여 학생의 성장과 발달에 기여하는 평가를 말한다. 게임기반 평가, 인공지능의 챗봇 튜터, 시뮬레이션에 기반한 정보 수집, 빅데이터 분석(데이터 마이닝), 학습분석학 기법 등이 테크놀로지 활용 평가를 가능하게 하는 도구들로 제시되었다. 연구진은 테크놀로지 평가 활용은 미래 학교 교육에서 과정 중심, 개인 맞춤형, 다(多)영역 평가가 얼마나 잘 효과적으로 실현될 수 있을지를 결정하게 될 핵심 동인 중 하나가 될 것이라고 예측하였다.

과정중심평가는 달성하고자 하는 교육목표를 지향하며, 교육 계획과 성취기준 등에 기반하여, 교수학습과 평가 과정에서 학생 자료를 수집, 해석하여 이를 학생의 성장과 발달 및 교수학습의 질 제고에 적극적으로 활용하는 평가를 말한다. 연구진은 과정중심평가에 대해 다음과 같이 서술하고 있다.

「과정중심평가는 기존의 전통적인 결과 중심 평가를 개선하고자 하는 목적에서 활용되기 시작한 일종의 정책 용어이다. 선발과 경쟁을 위한 평가 목적보다는 학생의 성장과 발달에 유의미한 정보를 수집하기 위해서는 교수학습의 과정에서 학생이 목표했던 성취기준에 도달했는지를 진단하고, 학생의 강점과 약점을 분석하여 이를 학생의 성취 향상을 위한 피드백 제공에 활용하는 평가가 필요하다. 이러한 형성적 과정 평가는 수시적, 누적적 성격을 지니며, 학기말과 학년말 등에 이루어지는 총합적 성격의 평가 결과와 연동하여 궁극적으로 학생의 성장과 발달을 돕는 데 이바지할 수 있다. 과정중심평가는 교과평가에 한정되기 보다는 교과별 평가를 포함, 교과와 교과의 융복합평가, 프로젝트평가, 역량 평가의 장면에 두루 적용 가능하다.

또한 교사는 과정중심평가를 통해 계획했던 교수 목표가 얼마나 실현되었는지를 확인할 수 있다. 학생의 성취에 관한 정보는 곧 교수학습의 효과성에 대한 정보가 되기 때문에 이러한 정보를 통해 교사는 자신의 수업의 질을 점검하면서 교수학습이 보다 효과적으로 이루어질 수 있는 방법을 반성적으로 성찰하는 계기로 삼을 수 있다. 이런 점에서 과정중심평가는 학생의 성장과 발달을 돕기도 하지만, 교사의 수업과 평가 전문성을 신장시키는 데도 매우 유용하다.(박혜영 외, 2018; 184쪽)」

개인맞춤형 평가는 학습자 개인의 다양성을 인정하면서, 개별 학생의 성취, 특기, 적성 및 진로와 적성에 대한 이해를 증진하여 학생의 장점과 잠재력을 최대한 발휘할 수 있도록 돕는 평가를 말한다. 연구진은 개인의 다양성은 집단의 문제 해결을 위한 창의력의 기반으로서, 개별 학생의 특성과 적성, 소질에 관한 풍부한 정보를 통해 학생의 성장을 지원하는 개인 맞춤형 교육과 평가는 2030년 학교 교육의 질적 제고를 위한 핵심이라고 보았다.

다영역평가는 학생 한 사람 한 사람을 깊게 들여다보고 이해하는 교육을 위해서 학생에 대한 다양하고 다면적인 정보가 수업과 평가에서 이루어져야 하므로, 학생의 인지적, 정의적, 행동적 속성 모두 포괄하는 다양하고 복합적인 영역의 다영역 평가를 말한다. 다영역평가는 인지 중심 평가의 대안적 개념으로 학생의 정의적, 행동적 측면을 비롯하여 지식, 기술, 태도, 가치, 윤리 등의 포괄적 역량을 평가하는 것을 의미한다. 연구진은 새로운 미래 지향적 평가는 개별 학생의 잠재력을 최대한 이끌어 줄 수 있는 교육을 위해, 학생의 다면적이고 다층적인 정보를 수집하고 이해해야 할 필요가 있다고 하면서, 학생의 학습 성취와 관련된 인지적 요인 뿐 아니라 동기, 자기효능감 등의 비인지적 요인을 포함하여 신체적 특성이나 행동적 특성을 이해할 수 있는 다양한 자료에 기반한 평가가 이루어져야 한다고 보았다.

연구진은 미래 학교교육의 비전을 실현하는 데는 세 가지 방해 요인이 작용하는 것으로 보았다. 교육 주체의 교육평가의 변화에 대한 인식, 학교에서 이루어지는 교육평가의 문제점, 대학 입시 등 상급학교 진학, 교사의 평가 전문성 부족 등이 주요 방해 요인으로 지목되었다. 연구진은 각각의 방해 요인과 관련하여 델파이 조사 결과에서 추출한 주요 의미들을 〈표 5-2〉로 정리하였다.

표 5-2 미래 교육평가 변화로의 방해 요인

방해 요인	델파이 조사 결과에서 추출한 주요 의미
교육 주체의 평가 변화에 대한 인식 부족	• 과거 교육 시스템에 길들여진 부모의 평가 개선 반대 • 새로운 평가방식에 대한 두려움과 손해라는 인식 • 학부모의 상대적 서열 궁금증 • 학벌위주의 교육관 • 새로운 평가에 대한 저항, 과거 평가법 고수(국영수 위주, 점수 서열 위주, 선다형 객관식 평가 중심) • 학부모의 미래사회 및 평가 패러다임 변화에 대한 인식 부족 • 학부모들의 평가공정성에 대한 의구심 • 일부 학생·학부모들의 교원과 학교 불신(학교생활기록부) • 학부모의 공교육 불신 • 서열화된 한국의 대학 구조 • 교육평가 정책 수립 시 교육 주체들간의 합의 도출 과정 생략 • 교육공동체 간의 교육평가 비전, 내용, 방법에 대한 공유와 합의 부족 • 평가 관련 정책의 상의하달식 집행 방식 • 교육부의 획일적 평가 시스템

교사의 평가 전문성 부족	• 새로운 교육평가 방식에 대한 수행 능력 부족 • 학습자 수준 부합, 타당도·신뢰도 높은 평가도구 개발 미흡 • 평가 전문성을 갖춘 전문 인력 부족 • 교사의 소극적 참여 • 학생 평가 결과 데이터에 대한 이해, 분석 경험 부족 • 교사의 평가 자신감 결여 • 평가도구 개발 및 채점 능력 향상 필요 • 공정성 논란/객관식 시험 결과 맹신 • 획일적인 학생기록부 종합 시스템과 기재 방식 • 평가를 수행하기 위한 인프라(이론적, 경험적 자료) 부재 • 평가 전문성의 지속적 신장 기회 부족
현행 학교평가체제의 문제점	• 공정성, 일제식, 주지교과 영역 위주의 평가 • 평가에서의 공정성 중심 및 맹신 • 교사들이 학생들의 감정과 학부모를 지나치게 의식 • 일제식 평가에 기반한 성적표 발송 • 선택형 지필식 평가 위주의 체제 • 인지적, 지적 영역에 치우친 평가 • 획일적 평가방법(정기/일제고사) • 학생 개인 특성의 미반영 • 잦은 평가 빈도, 지나치게 세분화된 평가기준 • 창의성 및 개성을 평가하는 방법 부족 • 역량에 대한 타당한 평가 부족(채점기준표 없음) • 급격하게 자주 수정되고 변경되는 평가 방법 • 정책의 연관성 있는 평가(예:자유학기제) 개발 부족 • 맞춤형 교육을 시행할 때 필요한 평가 방법의 부재 • 매체의 특성이 잘 반영된 다양한 평가 방법의 개발 필요 • 초중고 과정 중심, 절대 평가 지향, 대입은 상대평가 서열화 • 대학입시를 위한 암기식 교육의 답습 및 제도 미비

박혜영 외(2018)의 연구에서는 교육평가 정책과 관련하여 첫째, 2030 교육평가 비전 확정 및 비전 실행 추진 체계 구축, 둘째, 교육

공동체의 공감대 형성과 평가 인식 제고를 통한 미래 교육평가 비전 확산, 셋째, 비전 실행을 위한 미래 교육평가 체제 연구 및 구축·운영, 넷째, 교육평가의 질적 개선을 위한 교사 평가 전문성 제고를 제언하였다.

필자 나름대로 박혜영 외(2018)의 연구에서 미래 교육평가의 비전을 실현하기 위한 정책 제언들에 대해 평가해 보자면, 미래 학교교육의 비전의 주요 개념으로 다양성, 수월성, 공정성, 참여성을 설정한 것은 타당해 보인다. 그러나, 이러한 비전을 실현하기 위한 정책으로 비전 확정 및 실행 체계 구축, 미래 교육평가 비전 확산, 미래 교육평가 체제 연구 및 구축·운영, 교육평가의 질적 개선을 위한 교사 평가 전문성 제고 등은 그 자체 만으로는 의미있는 제언이라고 보이지만, 조금 일반적이고 광범위해서 구체성이 부족해 보인다. 예를 들어, 교육평가의 질적 개선을 위한 교사 평가 전문성 제고는 매우 중요한 과제라고 할 수 있는데 이에 대한 세부 추진 전략이 테크놀로지 활용 교사 평가 역량 강화를 위한 수준별 연수 프로그램 개발, 지속적인 평가 전문성 신장을 위한 교사 학습공동체의 학교 안/학교 밖 연계 운영이다. 세부 추진 전략도 구체적이지 못하고 일반적인 수준으로 언급된 것으로 보인다. 어쨌든 미래의 한국 교육에서의 교육평가의 비전을 설정하고 이를 실현하기 위한 추진 전략을 제언한 것은 의미있는 연구라고 평가할 수 있겠다.

다음 절에서는 평가체제의 혁신 측면에서 최근 주목받고 있는 IB교육과정에 대해 살펴본다.

2 IB교육과정

1) IB교육과정이란 무엇인가?

IB교육과정은 International Baccalaureate(국제 바칼로레아) 교육과정의 줄임말 이다. IB 교육과정은 IB교육을 실시하는 학교의 교육 프로그램을 의미한다. IB교육은 유치원부터 고등학교까지 국제적으로 인정받는 교육 프로그램이다. IB교육은 1968년에 스위스 제네바에 본부를 둔 IBO(International Baccalaureate Organization) 국제교육재단이 창설되면서부터 시작되었다. IB가 개발된 목적은 해외 주재 외교관의 자녀들이나 해외 상사 주재원 자녀들을 대상으로 하는 공인된 교과과정과 평가 기준이 필요했기 때문이다(이혜정, 2017; 165쪽). IB교육은 만 3세부터 만 19세까지의 학생들을 위한 네 가지 교육 프로그램을 운영하고 있다. 이는 유럽의 13년제 초중등 교육제도를 따른 것으로서, 만3세부터 만12세까지의 학생들을 위한 6년제의 IB Primary Years Programme(PYP), 만11세부터 만 16세까지의 학생들을 위한 5년제의 IB Middle Years Programme (MYP), 만16세부터 만19세까지의 학생들을 위한 2년제의 IB Diploma Programme(DP), 만16세부터 만19세까지의 DP를 수강하지 않는 학생들을 위한 IB Career-related Programme(CP) 등이 있다. 유럽의 학제와 우리나라의 학제가 다르므로, 정확히 일치하지는 않지만 대략적으로 우리 식으로 표현하자면, IB PYP는 유치원과 초등교육에, IB MYP는 중학교 교육에, IB DP는 고등학교 교육에, IB CP는 직업교육과정 프로그램에 해당한다고 볼 수 있다. 흔히 IB라고 하면, IB 교육재단, 해당 교육재단에서 운영하는 네 종류의 교육

프로그램, 해당 교육과정을 이수하고 받는 수료증 혹은 증명서(졸업장), 이 세가지를 모두를 의미한다. IB DP는 고등학교 졸업 이수 과정으로, 우리나라의 대학입학시험의 역할을 한다고 보면 된다. 이하에서 IB의 교육목표, IB 교육의 특징에 대해 살펴본다(내용 출처는 IBO에서 2020년 8월에 발행한 "What is an IB Education?"의 한국어 번역본 "IB 교육이란 무엇인가?"임).

(1) IB의 교육목표

IB(국제 바칼로레아)의 교육목표는 서로 다른 문화를 이해하고 존중하며, 더 나은 평화로운 세상을 실현하는 데 기여할 수 있는, 지식이 풍부하고 탐구심과 배려심이 많은 청소년을 기르는 것이다("What is an IB Education?"의 한국어 번역본, 4쪽). 이를 위해 IBO는 학교, 정부 및 국제기구와 협력하여 국제적 수준의 교육과 엄격한 평가 시스템을 갖춘 도전적인 교육 프로그램을 개발하고 있으며, IB 프로그램은 전 세계 학생들이 적극적이고 공감할 줄 알며, 서로 다름을 이해하고 존중하는 평생 학습자가 될 것을 장려한다.

모든 IB 프로그램의 목표는 인류의 공동 과제에 관심을 두고 세계를 함께 지켜나갈 책임을 다하는 청소년들이 국제적 소양을 갖춘 인재로 성장하여, 더 평화롭고 보다 나은 세상을 만들어나갈 수 있도록 돕는 것이다.

(2) IB 교육의 특징

IBO에서는 IB 교육의 특징으로 국제적 소양, IB 학습자상, 폭넓고 균형잡힌, 개념적이고 연계성 있는 교육과정, 교수·학습 접근 방법으로 제시하고 있다. 각각에 대해 간략히 살펴본다.

① 국제적 소양

모든 IB 프로그램의 목표는 인류의 보편적 가치를 인지하고 세계를 함께 지켜 나갈 책임을 다하는, 국제적 소양을 갖춘 인재를 양성하는 것이다. 이 목표의 핵심은 '국제적 소양'을 갖추는 데 있다. 국제적 소양이란 세상을 향한 열린 자세와 서로 간의 깊은 상호 관계성에 대한 이해를 바탕으로 사고하고(thinking), 살아가며(being), 행동하는 방식을 포함하는 다면적인 개념이다. 세상을 향해 열린 마음을 지니려면 먼저 세상을 이해해야 한다. 따라서 IB 프로그램은 학생들이 지역과 세계의 중요한 사안 및 의견에 대해 꾸준히 탐구할 수 있는 기회를 제공한다. 세계화와 기술의 발달로 인해 지역, 국가 및 국제적인 경계가 희미해지고 있기 때문에 자신이 마주한 현재 상황에 한계를 두기보다는 멀리 보려는 의지를 갖는 것이 매우 중요하다. IB 교육은 학생을 자기 자신을 비롯한 다른 사람의 관점, 문화 및 정체성에 대한 성찰을 통해 국제적 소양을 지닌 인재로 기르고자 한다. IB 학습자는 다양한 신념, 가치, 경험을 통해 배우며 서로 다른 문화와 학문 간의 협력을 바탕으로 더 평화로운 세상으로 나아가는데 필요한 지식을 얻을 수 있다.

IB 교육은 다언어주의를 통해 국제적 소양의 발전을 증진시킨다. 모든 IB 프로그램은 두 개 이상의 언어를 배우거나, 두 개 이상의 언어로 학습할 것을 요구한다. 이는 여러 언어로 소통하는 것이 학생들에게 자신의 언어와 문화, 그리고 세상을 바라보는 관점이 세상에 공존하는 수많은 언어와 문화 및 관점 중 하나임을 인지하는 데 도움을 준다고 믿기 때문이다. 또한 다언어주의는 문화 간의 이해와 존중을 증진시키는 좋은 기회를 제공한다.

국제적인 참여와 공동체를 위한 의미 있는 봉사활동은 국제적 소양을 기르는 데 매우 중요한 역할을 한다. 이러한 요소는 학생들이 권력과 특권에 대해 비판적으로 사고하게 하며 이 지구와 지구의 자원을 미래 세대를 위해 소중히 여기게 한다. 또한 모든 IB 프로그램은 '행동'을 강조한다. 인식과 이해에 그치는 것이 아닌 적극적으로 참여하고 행동하며, 모든 이를 위한 더욱 평화롭고 지속 가능한 세상을 만들기 위해 의미 있는 변화를 가져오는 것에 초점을 둔다. IB 교육의 각 구성요소는 '국제적 소양'을 갖춘 인재를 양성하고자 하는 IB의 목적을 실현하기 위해 설정된 것이다.

② IB 학습자상

IB에서는 학생들에게 탐구하는 사람, 지식이 풍부한 사람, 사고하는 사람, 소통하는 사람, 원칙을 지키는 사람, 열린 마음을 지닌 사람, 배려하는 사람, 도전하는 사람, 균형잡힌 사람, 성찰하는 사람이라는 학습자상을 추구한다.

• 탐구하는 사람

우리는 호기심을 키워 탐구하고 연구하는 능력을 향상시킨다. 우리는 독립적으로 또 다른 사람과 함께 배우는 법을 안다. 우리는 열정을 가지고 배움에 임하며, 학습에 대한 열의를 늘 잃지 않는다.

• 지식이 풍부한 사람

우리는 개념적 이해를 통한 성장을 지향하며, 다양한 학문의 지식을 탐구한다. 우리는 지역적이고 세계적으로 중요한 사안들과 의견에 관심을 기울인다.

• 사고하는 사람

우리는 비판적이고 창의적인 사고력으로 복잡한 문제를 분석하며 책임있게 행동한다. 우리는 합리적이고 윤리적인 의사결정을 주도한다.

• 소통하는 사람

우리는 하나 이상의 언어와 다양한 방법으로 창의적이고 자신있게 우리 자신을 표현한다. 우리는 다른 개인과 집단의 의견을 경청하며 효과적으로 협력한다.

• 원칙을 지키는 사람

우리는 공정성과 정의감을 바탕으로 인간의 존엄성 및 권리를 존중하며, 성실하고 정직하게 행동한다. 우리는 우리 자신의 행동과 그 결과에 따른 책임을 진다.

• 열린 마음을 지닌 사람

우리는 비판적인 사고를 통해 우리 고유의 문화와 역사를 바라보고 타인의 가치관과 전통을 수용한다. 우리는 다양한 관점을 추구하고 평가하며, 경험을 통해 성장한다.

• 배려하는 사람

우리는 서로 공감하고 격려하며 존중한다. 우리는 봉사 정신을 갖고, 타인의 삶과 지역 사회에 긍정적인 변화를 도모한다.

• 도전하는 사람

우리는 철저하게 계획하고 의사결정을 내려 불확실성에 도전하며, 독립적으로 또 협력을 통해 새로운 아이디어와 혁신적인 전략을 모색한다. 우리는 도전과 변화에 맞서 굴복하지 않고 슬기롭게 대처해 나간다.

• 균형잡힌 사람

우리는 자신과 타인의 행복을 위해 삶의 지적, 물리적, 정서적 균형을 이루는 것이 중요하다는 것을 알고 있다. 우리는 타인 뿐 아니라 우리가 살아가는 세상과도 상호 의존함을 인지하고 있다.

• 성찰하는 사람

우리는 세상과 자기 생각 및 경험에 대해 깊게 생각한다. 우리는 개인의 학습과 성장에 도움이 되도록 우리 자신의 강점과 약점을 이해하려고 노력한다.

IB 학습자상은 IB 월드 스쿨이 중요시하는 열가지 특성을 나타낸다. 우리(IBO)는 이러한 특성들이 개인과 단체가 지역과 국가를 넘어 글로벌 커뮤니티에서 책임감 있는 구성원으로 자라는 데 도움을 준다고 믿는다.

③ 폭넓고 균형잡힌, 개념적이고 연계성 있는 교육과정

각 IB 프로그램은 구체적이며 학생들의 발달단계에 맞는 교육과정을 제공하거나 폭넓고 균형 있는, 개념적이고 연결된 교육과정 체계를 제시한다.

IB 프로그램은 학생들이 폭넓은 균형 잡힌 학문 및 학습의 경험을 접할 수 있는 다양한 기회를 제공한다. 또한, IB 프로그램은 개념적 학습(conceptual learning)을 권장하며, 학생들은 IB 교육체계를 통해 새로운 지식을 이해하고, 전 교과군에 적용할 수 있는 효과적인 학습에 초점을 두어 통합 학습을 가능케 하며 교과과정을 일관성 있게 이해하도록 돕는다.

학문 간의 관계성을 탐구하며 개별 교과 범위를 초월하여 다양한 과목을 통해 세상을 이해하는 것은 모든 IB 프로그램이 강조하는 중요한 요소이다. 따라서 IB 프로그램은 실제 학습(authentic learning)의 기회를 제공하여 학습내용과 그들의 삶을 연결시킬 것을 강조한다.

4개의 IB 프로그램은 공통적으로 국제적 소양을 갖추는 것과 IB 학습자상이 강조하는 자질 계발에 기초한다. 다만 각 프로그램은 다음 예시에서와 같이 고유한 특성과 학생의 발달단계에 맞는 단계별 요소를 갖고 있다.

- 초등학교 프로그램(PYP)은 전통적인 교과의 경계를 초월한 학습을 추구한다. 학생들은 6가지 초학문적 주제('우리는 누구인가', '우리가 속한 공간과 시간', '우리 자신을 표현하는 방법', '세상이 돌아가는 방식', '우리 자신을 조직하는 방식', '지구 공유하기')를 탐구한다.

- 중등교육 프로그램(MYP)에서는 학생들이 PYP에서부터 개발되고 심화된 6가지의 초학문적 주제를 6가지 세계적 맥락으로 확대하고 더욱 깊게 탐구한다. MYP 학생들은 이 여섯 가지 맥락인 '자아와 관계', '개인적·문화적 표현', '시·공간의 방향성', '과학과 기술의 혁신', '공정성과 발전', 그리고 '세계화와 지속 가능한 미래'를 집중 탐구한다.

- 디플로마 프로그램(DP)의 교과과정은 6개의 선택 과목과 3개의 핵심 요소로 구성되어 있다. 핵심 요소 중 지식이론(Theory of Knowledge, TOK)은 학생들이 '우리가 아는 것을 어떻게 알게 되는지'와 같은 근본적인 질문을 통해 자신의 관점과 추측 및 가

설들을 탐구하도록 권장한다.

• 직업 연계 프로그램(CP)에서 학생들은 DP 과정에서의 학습내용을 CP의 직업 관련 수업과 4가지 핵심 요소를 결부시켜 학습한다. CP의 핵심 요소 중 하나인 '자기개발능력 및 전문기술' 과정은 학생들이 향후 직장에서 직면할 수 있는 여러 가지 개인적, 직업적 상황을 미리 탐색해보는 데 초점을 둔다.

모든 IB 프로그램은 과정을 이수하기 위해서는 최종적으로 각 프로젝트를 완료해야 한다. PYP에서 '전시회(exhibition)'을 수행해야 하며 MYP에서는 '개인 및 공동체 프로젝트(personal or community project)'를, DP에서는 '소논문(extended essay)'을 그리고 CP에서는 최종 프로젝트로 '성찰 프로젝트(reflective project)'를 수행해야 한다. 이 프로젝트는 학생들의 지식, 이해도, 역량을 심화하고 동료 학우와 나눌 수 있는 기회인 발표회를 가져 그들의 학습 여정을 마무리하게 한다.

의미있는 평가는 교육과정의 목표를 달성하는 데 도움을 준다. 그러므로 IB 프로그램에서의 평가는 지속적이고 다양한 방법으로 실시되며 교육과정에 있어 필수적인 요소이다. IB 학교는 다양한 전략과 도구를 통해 학생의 학습을 평가한다. 또한, 교수와 학습의 큰 부분을 차지하는 평가 자료 분석의 중요성과 학생 자신의 과제와 동료 학우의 과제를 평가함으로써 얻는 이점을 강조한다.

MYP, DP, CP는 모두 IB에서 검증한 평가방법을 활용한다. 이러한 평가체계는 균형 잡힌 타당성과 신뢰성을 바탕으로 하여 학생들에게 단순 사실에 근거한 암기 능력이 아닌 고차적 사고능력을 요구하는 학습과제를 활용한다. 엄정한 평가 방식은 높은 기준의 도전적인 프로그램을 통해 얻은 IB의 명성을 유지시켜 준다.

④ 교수·학습 접근 방법

현대의 교육 연구에 기반한 IB의 6가지 교수 접근 방법과 5가지 학습 접근 방법은 IB 월드스쿨 교육자와 학생들에게 방향성을 제시한다. 이 교수·학습 체계는 IB의 교육목적이 교실에 실제로 적용되는 데 매우 중요한 역할을 한다.

이 접근 방법은 탐구적 질문하기, 행동으로 옮기기, 성찰하기(inquiry, action, and reflection)를 순환적으로 수행하는 것에 초점을 두며, 이러한 수업 원리는 교실 수업 및 활동에 녹아 있다. IB의 교수 접근 방법은 관계의 중요성 또한 매우 강조한다. IB의 교수법은 교사와 학생의 협력적인 관계가 학습 성과에 큰 영향을 미친다는 믿음을 바탕으로 하며, 다양한 협력 방식을 통해 세계를 이해하도록 장려하는 IB의 신념을 반영한다.

모든 IB 프로그램에는 6가지 교수 접근 방법이 동일하게 적용된다. 이 교수 접근 방법은 교사들이 각자 선호하는 교수법을 학생들의 요구와 상황에 맞춰 전략적으로 선택할 수 있도록 광범위하게 설계되었다.

모든 IB 프로그램에서의 교수법은 다음의 수업 원리를 기반으로 한다.

- **탐구에 기반**: 학생들 스스로 정보를 수집하고 이해하는 데 중점을 둔다.

- **개념적 이해의 강조**: 학생들은 다양한 개념을 탐구하여 학문의 이해를 넓히고, 개념의 연관성을 찾으며 새로운 맥락에 적용시킨다.

- **지역과 세계적 맥락에 연결**: 이 교수법은 실생활 사례와 맥락을 활용하며, 학생들이 새로운 정보를 접할 대 자신의 경험과 주변 세계와 연관 지어 이해할 수 있도록 한다.

- **효과적인 팀워크와 협력의 강조**: 학생들 간의 팀워크와 협력을 강조함과 동시에 교사와 학생 간의 협력적인 관계에도 적용된다.

- **학습의 방해 요소를 제거**: 교육은 다양성을 포용하고 존중한다. 이 교수법은 수업을 통해 학생들의 정체성과 개별 학습요구를 파악하여 각자의 목표를 설정하고 달성하는 데 도움을 주는 학습 기회를 창출한다.

- **평가정보의 활용**: 평가는 학습을 장려하고 학습 성과를 측정하는 데 매우 중요한 역할을 한다. 따라서 이 방법은 학생에게 제공하는 효과적인 피드백의 중요성을 인지하여 이를 강조한다.

IB의 학습 접근 방법은 '학습하는 법을 배우는 것(learning how to learning)'이 학생의 학습과정에서 가장 근본적인 역할을 한다는 믿음에서 비롯된다.

서로 연관된 다섯 가지 역량은 모든 나이의 IB 학생들에게 좋은 질문을 하고, 효과적인 목표를 세우며, 용기를 잃지 않고 꿈을 향해 나아가는 스스로 관리하는 학습자가 될 수 있도록 힘을 실어준다. 이러한 능력은 학생들이 주도적으로 사고하고 행동하며, 학습을 능동적인 과정으로 받아들일 수 있도록 도와준다.

모든 IB 프로그램은 동일한 다섯 가지 학습 역량을 각 프로그램의 발달단계에 적합한 방법으로 강조한다. 다섯 가지 기능은 다음과 같다.

- 사고 기능-비판적 사고력, 창의적 사고력, 윤리적 사고력 등을 포함한다.
- 조사 기능-정보를 비교하고 대조하며 검증하고 우선순위를 매기는 능력 등을 포함한다.
- 의사소통 기능-글쓰기, 말하기, 주의깊게 듣기 및 논쟁을 구성하는 능력 등을 포함한다.
- 대인관계 기능-긍정적인 관계를 형성하고 유지하며, 타인의 의견을 경청하고 갈등을 해결하는 등 관계안에서의 맥락을 포함한다.
- 자기관리 기능-각자 주어진 과제와 시간을 관리하는 법과 자신의 감정 상태와 의지와 같은 정의적 역량을 포함한다.

이와 같은 기능은 학생들을 적극적이고 서로를 격려할 줄 아는 평생 학습자로 양성하고자 하는 IB의 교육목표에 도달하는 데 매우 중요한 역할을 한다. IB는 다섯 가지 학습 능력을 구별지어 제시하고 있지만 모든 학습 접근 방법은 서로 밀접하게 연관되어 있으며 많은 부분이 중복되어 연관된 개념으로 보아야 한다.

2) IB의 국내 공교육 도입 과정

앞에서 살펴본 IB 교육은 지난 2019년에 대구교육청이 국내 최초로 도입한 이후로 전국적으로 확산이 되고 있다. 제주도교육청, 부산교육청, 충북교육청 등이 공교육내 IB 프로그램을 도입하여 운영하고 있다. IB의 한국어화를 통한 국내 공교육 도입이 제주와 대구를 시작으로 전국적으로 확산하면서 이러한 흐름에 대한 찬반 논쟁이 뜨겁다(홍원표, 2019).

IB의 한국어화를 통한 국내 공교육 도입에 대한 찬반 논란을 살펴보기에 앞서, IB 프로그램이 국내에 도입된 과정을 짚어본다(도입 과정에 대한 이하 내용은 홍영일(2022)의 글을 인용함).

IB는 처음부터 영어, 스페인어, 프랑스어의 3개 언어로 운영되어 왔다. 일본에서 2013년도에 정부 차원에서 IB를 도입하면서 IB의 일본어화를 추진했고, 한국도 2017년도부터 국내 공교육에 한국어 IB 도입을 추진하여 2019년에 IB 한국어화 협력각서를 최종 체결하였다. 2019년 당시 한국에는 영어 IB 학교 12개가 있었고, 2019년 이후 제주와 대구에서 추진한 한국어 IB 학교는 2022년 12월 현재 제주에서 3개, 대구에서 14개 학교가 IB 본부로부터 공식 인가를 받은 IB 월드스쿨이며, IB 후보학교 및 IB 관심학교는 수십 개교 이상으로 점차 늘고 있다.

IB 프로그램을 한국어화하여 공교육에 시범 도입하자는 제안은 저서 "대한민국의 시험"(이혜정, 2017)에서 처음 제시되었다. 이를 교육당국에서 검토하기 시작한 것은 2017년 서울시교육청 조희연 교육감의 제안으로 추진된 "비판적 창의적 역량을 위한 평가체제 혁신 방안: IB 사례를 중심으로"라는 연구에서부터였다. 이 연구는 지난 50여년간 논·서술형으로 실시되어 오면서 공정성을 인정받고 있는 IB 대입시험 체제를 면밀히 분석한다면 혁신학교의 시행착오 경험과 더불어 미래형 교육과정을 구축하는 데 큰 도움이 될 수 있을 것으로 분석하였다. 이때 IB 평가체제를 면밀히 분석한 결과, IB 교육체제를 제대로 경험하기 위해서는 실제로 IB 학교를 운영해보는 것이 가장 효과적이라는 결론에 도달하게 되었다. 같은 해에 제주도교육청 이석문 교육감도 IB의 제주 공교육 도입방안을 연구하였다. 전교조 지부장 출신이었던 이석문 교육감은 수천만원씩 학비를 내는 국제학교에 다닐 수 있었던 0.1% 학생들만 받을 수 있었던 IB 교육을 99.9%의 일반 학생들이 공교육에서 받을 수 있도록 하기 위해 공교육 도입을 추진하기로 결정하였고, 이후 대구교육청 강은희 교육감과 함께 IB 한국어화를 추진하여 최종적으로 2019년 7월에 IB 본부와 협력각서를 체결하였다.

교육발전특구, 교육국제화특구 등 다수의 지역 혁신 정책에 지역의 경쟁력을 키울 수 있는 방안으로 IB 교육이 제시되면서 IB 교육은 더 주목받고 있다. 교육발전특구는 지자체와 교육청이 함께 대학, 기업 등 지역 기관과 협력을 통해 지역 교육을 혁신하고 지역인재 양성과 지역 정주 생태계를 구축하는 사업이다. 교육부와 지방시대위원회는 '교육발전특구 시범지역 1차 지정 결과'를 2024년 2월 28일에 발표했다. 1차 지정 결과에서 전국적으로 31곳이 시범지역으로 선정되었는데, 6개 광역지자체 및 43개 기초지자체가 선정되었다. 31개 시범지역은 19개 선도지역과 12개 관리지역으로 구분되며, 선도지역은 3년간의 시범 운영 기간이 지나면 교육발전특구위원회의 종합평가를 거쳐 정식특구로 지정된다. 지정 평가를 통과했지만 하위권인 나머지 12곳은 관리지역으로 지정해 매년 연차평가를 실시한다. 1차 지정 결과에서 눈에 띄는 부분 중 하나는 기존에 IB를 도입하고 있는 지역 외에도 전국의 많은 지역에서 IB 도입을 통해 지역의 경쟁력을 강화하는 전략을 제시했다는 점이다. 제주도와 대구는 2019년부터 IB 도입을 통해 초·중등 교육 혁신을 추진하고 있지만, 이번 교육발전특구에서는 강원도 춘천시, 경북 구미시, 경북 안동시·예천군, 전북 익산시·남원시·무주군·부안군, 전남 나주시·목포시 ·무안군·신안군·영암군·강진군 등도 IB 도입을 예고했다.

3) IB를 국내 공교육에 도입하는 데 대한 찬반 논쟁

앞서 보았듯이 최근 국내의 각 시도 및 지자체를 중심으로 공교육에 IB 도입의 바람이 불고 있다. 교육부의 교육발전특구사업도 IB 교육에 초점을 맞추고 있는 듯 하다. IB 교육에 대한 교육계의 관심이 한 때의 유행으로 끝나고 말지, 공교육의 혁신으로 자리매김 할 지는 좀 더 시간을 갖고 지켜봐야 할 것이다. 여기서는 IB를 국내 공교육에 도입하는 데 대한 찬반 논쟁쟁점 중심으로 짚어보겠다.

IB 교육의 국내 도입을 둘러싼 찬반 논쟁을 비판적 담론 분석 방법론으로 정리한 서주희(2022)의 논문에 따르면, IB 교육에 대해 크게 네 가지 쟁점으로 정리해 볼 수 있다. 첫째, 엘리트교육과 대중교육의 담론, 둘째, 특혜와 격차 해소 담론, 셋째, 공교육 외주화와 공교육 정상화 담론, 넷째, 사교육 폭등과 사교육 지형변화 담론, 그리고 대입 불리와 대입 통로 마련 담론의 대립이다. 이 네가지 쟁점을 〈표 5-3〉으로 정리하였다.

표 5-3 IB 교육프로그램 국내 공교육 도입 관련 주요 쟁점 및 경쟁 담론

쟁점		경쟁 담론
적합성	"다양한 수준의 사회경제적 배경과 학업 역량의 학생에게 적합한가?"	엘리트교육 vs 대중교육
형평성	"공교육이 지녀야 할 형평성에 부합하는가?"	특혜 vs 격차 해소
자주성	"공교육에 외부 기관이 만든 프로그램을 도입하는 게 정당한가?"	외주화 vs 정상화
현실성	"국내 맥락에서 부작용은 없는가?"	대입불리 vs 대입통로마련 사교육폭등 vs 사교육지형변화

출처: 서주희(2022). IB 교육프로그램의 국내 공교육 도입 관련 담론분석, 40쪽.

IB 교육프로그램 국내 공교육 도입 경쟁 담론의 첫 번째 쟁점은 '적합성'이다. 적합성을 둘러싼 담론은 주로 평가 시스템 도입을 수반하는 고등학교 과정인 IB DP를 중심으로 전개되며, IB 교육프로그램이 모든 학생에게 적합한 대중교육이라는 담론과 IB 교육프로그램이 일부 계층에게 적합한 엘리트교육이라는 담론이 대립 구조를 형성하고 있다. 서주희(2022)는 '적합성' 쟁점에 대한 경쟁 담론을 세가지 질문을 통해 각 입장의 타당도를 고찰하였다. 첫째 질문은 'IB가 누구를 위한 교육프로그램으로 설계되어 있는가?'이며, 둘째 질문은 'IB 교육프로그램은 영재교육의 특성을 지니는가?'이다. 셋째 질문은 '도전적인 교육프로그램은 우수 학생만을 대상으로 시행되어야 하는가?'이며, 넷째 질문은 'IB 교육프로그램은 귀족학교에서만 운영이 가능한가?'이다. IB 교육프로그램 국내 공교육 도입을 찬성하는 입장과 반대하는 입장은 각 질문들에 대하여 서로 다른 견해를 보이고 있는데, 이 책에서는 어느 한쪽의 입장을 편들지 않고 쟁점이 무엇인지 살펴보는 정도로만 정리하겠다.

IB 교육프로그램 국내 공교육 도입 경쟁 담론의 두 번째 쟁점은 '형평성'이다. IB 교육프로그램을 일부 학교에 시범 도입하는 것은 모두에게 공평해야 하는 공교육의 성격을 벗어난다는 특혜 담론과 질 좋은 교육을 교육 소외 지역에 적용함으로써 형평성에 기여한다는 격차해소 담론이 대립하는 양상을 보이고 있다. 이상의 형평성 쟁점과 관련한 찬성과 반대 담론의 논증을 비교한 결과, 반대 담론은 IB 교육프로그램 도입이 일부 학교와 학생에게 예산이 편중되고 대입 전형에서 특혜를 받을 수 있다는 이유로 형평성에 어긋난다고 주장하고 있다. 반면, 찬성 담론은 이에 대해 기존 연구학교와 시범학교 수준 이상으로 예산이 편중되지 않았으며, 대입에서 특혜를 볼 수 있는 전형 신설은 고려하지 않는다고 반박한다. 따라서 형평성을 해치지 않을 뿐만 아니라 오히려 교육 소외 지역에의 도입을 통해 균형 발전을 이루고 형평성을 증진할 수 있다고 주장한다. 서주희(2022)의 연구에서는 형평성 쟁점에 대한 찬성과 반대 측 주장의 타당도를 고찰한 결과, IB 교육프로그램 도입이 아직 초기이기 때문에, 학교급별 프로그램의 졸업생이 나오고 난 후의 성과를 기반으로 재평가해야 한다는 평가 유보적 입장을 제시하였다.

IB 교육프로그램의 국내 공교육 도입 경쟁 담론의 세 번째 쟁점은 '자주성'이다. 국내 공교육에 외부 기관이 만든 교육프로그램을 도입하는 것에 대해 문제를 제기하는 외주화 담론과 궁극적으로 우리만의 한국형 바칼로레아(KB) 구축을 위해 가장 빠르고 효과적인 방법이라는 정상화 담론이 대립하는 양상을 보이고 있다. 서주희(2022)의 연구에서는 '자주성'에 대한 경쟁 담론의 타당도를 예산 및 거버넌스, 이념 측면에서 비교하고, IB 교육프로그램 도입으로 한국인의 정체성이 훼손되고 서구의 가치관이 이식될 우려를 제기하는 반대 담론의 문제 제기는 재검토가 필요할 것으로 생각된다고 하였다.

IB 교육프로그램의 국내 공교육 도입 경쟁 담론의 세 번째 쟁점은 '현실성'이다. 이는 교육 정책 차용 이슈에서 자주 언급되는 문제로, IB 교육프로그램의 국내 공교육 도입이 한국 현실 맥락과 충돌한다고 문제가 제기되는 분야는 크게 '사교육'과 '입시'였다. 사교육 문제에 대한 반대 담론은 IB 교육프로그램의 국내 공교육 도입으로 인해 상위권 학생들을 중심으로 고득점을 받기 위한 영어와 논술 사교육이 증가할 것이라고 예상하고, 해당 학교 지망생들의 사전 영어와 논술 사교육도 필요할 것이라고 주장한다. 반면, 찬성 담론에서 사교육 쟁점을 바라보는 관점은 다르다. IB 시스템 하에서는 사교육이 학교 수업을 대체할 수 없고, 고득점을 보장하지 못한다고 본다. 따라서 사교육이 현행보다 더 폭등하지는 않을 것이라고 주장한다. '현실성' 쟁점의 두 번째 분야는 바로 '대학 입시'이다. IB 교육프로그램을 공교육에 도입하는 데 대한 가장 뜨거운 쟁점 중 하나가 "국내 대입과 연계가 되는가?'이다. 대입 연계 문제는 교육수요자인 학생과 학부모에게는 무엇보다도 중요한 문제이기도 하다. 대입불리 담론에서는 IB DB를 이수하는 학생들은 수능 준비를 하지 않는다는 점, IB DP 최종 성적이 대입 전형 자료로 활용되지 못한다는 점 등을 들어 IB가 대입에 불리하다고 주장한다. 반면, 찬성 담론에서는 수능 최저기준이 없는 학생부종합전형이라는 통로가 마련되어 있다고 주장하면서, 이 통로로 국내외에서 IB DP를 이수한 학생이 대학에 합격한 사례가 있음을 근거로 든다. 서주희(2022)의 연구에서는 '현실성'에 대한 경쟁 담론의 타당도를 고찰한 결과, 새로운 대입 제도 개편이 없더라도 IB DP 학생이 국내 대학에 진학할 수 있는 길은 열려있는 것으로 평가할 수 있다고 하면서, 반대 담론의 주장처럼 국내 대학 지원이 불가능하다거나 불리하다고 단정짓기는 어려울 것으로 보인다는 견해를 제시하였다.

서주희(2022)의 연구에서는 2022년 제8회 교육감 선거 당시 전국 각 시·도 교육감 후보들이 IB 교육과 관련하여 내걸었던 공약과 후보들의 발언을 텍스트마이닝 기법을 통해 핵심 키워드를 추출하여 워드 클라우드로 시각화 하였는데, 텍스트마이닝 결과, "미래", "평가", "국제"가 IB 도입 혹은 참고 공양과 관련해 가장 많이 언급된 단어로 나타났다. IB를 공약에 언급한 교육감 후보들은 세계화 시대에 발맞춘 미래 교육의 모델로서 IB를 긍정적으로 인식하고 있고, 특히 평가 혁신에 있어서 핵심 역할을 할 수 있을 것으로 기대하는 것으로 보인다고 하였다. 평가 전환의 방향성은 "내 생각"을 꺼내는 능력에 기반한 문제해결 역량을 평가하는 쪽으로 가야한다는 믿음이 엿보인다는 해석을 내놓았다.

한편, 이기명(2021)은 IB의 국내 공교육 도입 추진 쟁점을 분석하였다. 이기명(2021)은 IB의 국내 공교육 도입 추진의 쟁점이 될 수 있는 영역을 교육철학, 교육사회학, 교육정책학, 교육평가로 설정하고, 각 영역에 따른 하위 범주를 설정하였다. 교육철학적 쟁점으로는 2015 개정 교육과정 대 IB 교육과정 실행 문제와 학생의 학습 측면, 둘째, 교육사회학적 쟁점으로는 교육격차·교육불평등·교육양극화 문제, 사교육 발생 문제, 셋째, 교육정책학적 쟁점으로는 단위학교의 교육과정 운영 자율성 및 교육 거버넌스 주권 침해 문제, 교육예산 배분의 형평성 문제, 교원 수급 문제, 넷째, 교육평가 쟁점으로는 대입제도와의 연계 문제, IB 평가 결과에 대한 공정성과 신뢰성 보장 문제를 제시하면서, 각 쟁점에 대하여 IB의 국내 공교육 도입의 찬성 측과 반대 측의 주장을 살펴보았다.

이기명(2021)의 연구 결과를 요약하면 다음과 같다. IB의 공교육 도입을 찬성하는 측은 IB 교육과정과 2015 개정 교육과정에서 표방하고 있는 학습관, 핵심 역량을 강조하는 교육과정 설계, 학생참여중심 수업, 과정중심평가 등에서 그 철학이 같음을 주장한다. 특히 IB는 교육과정을 대강화하되 평가를 상세히 제시하고 있어 현장에서 쉽게 과정중심평가가 이루어질 수 있도록 만들어져 있으며 무엇보다 세계 여러 국가에서 도입·운영하면서 그 교육적 효과를 검증해 왔으므로 이를 도입하여 우리나라 교육 혁신의 기폭제로 삼아야 한다는 것이다. 2015 개정 교육과정과 IB가 추구하는 방향이 같은데도 국내에 IB를 적극적으로 도입하자는 측의 주장을 보면, IB 운영학교를 통해 교육과정-수업-평가의 일체화가 무엇인지, 학생의 고등사고력 향상을 위한 교육이 무엇인지, 과정중심평가와 평가의 공정성과 신뢰성이 무엇인지 벤치마킹하여 국내에 토착화되기를 바란다는 염원이 담겨있다고 하였다.

반대 측은 IB가 공교육에 도입되면 교육과정 및 교육평가 혁신이라는 수단을 넘어서 학교 교육과정 운영 자율화에 침해를 받을 수 있고, 교육예산 배분, 교사양성 및 수급 등 교육정책 전반에 걸쳐 심대한 변화를 전제하고 있으므로 여러 부작용이 나올 수 있음을 시사한다. 또한, IB는 특수한 목적의 공립학교로서의 성격을 갖게 되므로 특목고와 자사고를 폐지하고 일반고 중심의 고교체제로 재편하겠다는 문재인 정부의 고교 정책 방향과 충돌하기 때문에 정부 차원에서 강력하게 추진할 수 없게 되는데 이럴 경우, 지역 교육청 수준에서의 공교육 도입이나 시범 운영에는 한계가 있고, 선출직인 교육감이 교체될 때의 IB 정책 유지 지속가능성에 대해서도 우려하고 있다. IB의 대학준비 프로그램(IBDP)과 수능의 평가체제 차이로 인해 생기는 문제에 대해 어떤 해결방안도 마련되어 있지 않은 상태에서 성급한 도입은 현장의 혼란만 가중할 수 있다는 우려를 표하고 있다고 하였다.

이기명(2021)은 연구의 결론 및 제언 부분에서 지구촌 문제가 곧 자기 자신의 문제로 이어지는 국제화 시대에 사는 학생들을 위해서 IB처럼 초학문적 수업, 지식을 연결하고 읽고 연구하는 능력을 길러주는 탐구기반 수업 등으로 수업이 개선되어야 한다는 의견을 밝혔다. 또한, IB의 절대평가 방식과 교과목 평가의 차원에서 진행하는 내부평가와 외부평가 방식, 교과 외 활동인 지식이론(TOK), 소논문(EE), 창의·활동·봉사(CAS) 평가방법 등을 벤치마킹할 필요가 있다는 의견을 제시하였다. 고교학점제 준비를 위해 학교 현장은 고교 수업량 기준을 '단위'에서 '학점'으로 전환하고 총 이수학점 적정화 및 학생 선택 중심 과목으로 고교 학사제도를 개편하며 학점제형 학교 공간을 조성하는 등 물적 기반 조성으로 분주하고, 이와 더불어 교사들은 교육과정 재구성과 수업 및 평가 역량 강화를 위해 끊임없이 배우고 노력하고 있다고 하였다. 그러나 교사들은 여전히 지식 중심 수업을 진행하고 있으며, 실제로 과정중심평가를 어떻게 해야 하는지 구체적으로 모르겠다는 의견도 많다고 하면서, 2025년 고교학점제 전면 시행을 앞두고 학교 현장은 불안과 긴장감마저 돌고 있다고 현장의 분위기를 진단하였다. 고교학점제의 평가 방법은 원칙적으로 절대평가이다. 절대평가 시 가장 우려되는 점은 공정성과 신뢰성 부족인데 IB는 전 세계적으로 절대평가와 공정성과 신뢰성을 인정받고 있으므로, 서술형과 논술형 평가 및 절대평가 방식에서 공정성과 타당성을 인정받은 IB의 평가방법에 적극적인 관심을 가져야 할 때임이 분명하다는 의견을 제시하였다.

4장에서도 보았듯이, 교육평가와 교육과정은 상호 연관되어 있으며, 교육과정-수업-평가-일체화 개념도 교육과정과 교육평가의 연계 및 일관성 확보를 위한 목적에서 나온 것이다. 최근 개정된 2022 국가 교육과정에서는 변화된 교육 환경 속에서 모든 학생들이 미래 사회가 요구하는 포용성과 창의성을 갖춘 주도적인 사람으로 성장할 수 있도록 교육과정을 개선하는 데 있다고 하였다. 그래서 2022 개정 교육과정에서는 우리 교육이 추구해야 할 인간상으로서 '자기주도적인 사람'을 새롭게 강조하였다. 교육부는 '자기주도적인 사람'을 '전인적 성장을 바탕으로 자아정체성을 확립하고 자신의 진로와 삶을 스스로 개척하는 사람(교육부, 2022)'이라고 밝히고 있다. 지금은 2022 개정 교육과정으로 자기주도적인 사람이 되는 데 필요한 능력을 어떻게 가르칠 수 있을 것인가에 대한 진지한 고민이 필요한 시점이다.

이 장에서는 교육평가 체제 혁신 관련 연구를 살펴보고, 이와 관련하여 주목받고 있는 IB 교육프로그램의 국내 공교육 도입에 대한 찬반 논쟁을 검토해 보았다. 찬반을 둘러싼 여러 쟁점들을 통해 IB 교육의 도입에 대한 기대와 우려가 공존하고 있음을 알 수 있다. 이 책에서는 섣불리 어느 한쪽을 지지하기 보다는 양측의 입장을 면밀하게 분석하고 검토한 후 각자 자신의 입장을 가질 것을 권고하는 바이다. 다만, 찬성이든 반대이든 향후에도 IB 교육은 이미 공교육에 일부 도입이 되어 운영되고 있고, 확산되는 추세에 있으므로 IB 교육프로그램이 우리 공교육에 미치는 영향은 커질 것으로 예상된다. 이와 함께, IB에 대한 찬반 논쟁도 계속될 것으로 전망되므로 계속해서 지켜보고 관심을 가질 필요가 있다.

제 6 장

초·중등학교에서의 교육평가와 문해력 문제

1. 2022 개정 교육과정에 대한 이해
2. 교과교육에서 문해력이 중요한 이유
3. 우리나라 중등학생들의 문해력 실태
4. 문해력을 어떻게 기를 것인가?
5. 문해력을 어떻게 평가할 것인가?

제6장
초·중등학교에서의 교육평가와 문해력 문제

이 장에서는 2022 개정 교육과정을 토대로 교과교육에서의 문해력의 중요성에 대해 살펴보고, 우리나라 초·중등학교 학생들의 문해력 실태를 점검하는 한편, 문해력을 기르기 위한 방법과 문해력을 평가하는 방법에 대해 논의해 보고자 한다.

1 2022 개정 교육과정에 대한 이해

문해력에 대한 평가를 논하기 전에 교육과정을 먼저 살펴보는 이유는 앞서 보았듯이 교육과정과 수업 그리고 교육평가와 기록은 서로 잘 연계되어서 일관된 흐름으로 이어지는 것이 바람직하다고 보기 때문이다. 최근 개정된 2022 교육과정은 2024년에 초등학교 1, 2학년 적용을 시작으로 순차적으로 적용되고 있다. 2025년에는 초등학교 3, 4학년과 중학교 1학년, 고등학교 1학년에 적용되며, 2026년에는 초등학교 5, 6학년, 중학교 2학년, 고등학교 2학년에 적용된다. 2027년에는 중학교 3학년과 고등학교 3학년에 적용된다.

교육부가 제시한 2022 개정 교육과정의 주요 개정 방향에는 미래

사회에 대응할 수 있는 능력과 기초 소양 및 자신의 학습과 삶에 대한 주도성을 강화한다는 내용이 담겨 있다(교육부, 2022). 미래 사회 대응 능력과 기초 소양 및 자신의 학습과 삶에 대한 주도성을 강화하기 위해 여러 교과를 학습하는 데 기반이 되는 언어, 수리, 디지털 소양을 기초 소양으로 설정하고 이를 교육 전반에서 강조했다. 특히 디지털 역량을 함양하기 위해 여러 교과에서 교과 특성에 맞게 디지털 소양과 관련된 내용을 반영하고, 관련 선택 과목(예: 문학과 영상, 음악과 미디어 등)을 신설했다.

초등학교 교육과정에서는 1~2학년(군)에서 국어 교과의 수업 시수가 주당 평균 1시간 늘어났는데, 이는 기초 문해력과 한글 해득 교육을 이전보다 더 강화하기 위한 것이다. 또한 '정보교육'에 대한 지침이 강화되었는데, 이는 디지털 역량 강화 요구에 따른 것으로, 정보교육은 실과의 정보 영역 시수와 학교자율시간 등을 활용하여 34시간 이상 편성·운영하도록 했다.

중학교 교육과정에서는 '정보'의 수업 시수가 기존의 34시간에서 68시간으로 2배 증배되었는데, 이는 디지털 역량을 더 강화해야 한다는 사회적 요구에 따른 것이다. 고등학교 교육과정에서는 선택 과목을 일반 선택 과목과 진로 선택 과목, 융합 선택 과목으로 구분하였다. '일반 선택 과목'은 교과별 학문 영역 내의 주요 학습 내용 이해 및 탐구를 위한 과목이고, '진로 선택 과목'은 교과별 심화 학습 및 진로 관련 과목이며, '융합 선택 과목'은 교과 내 및 교과 간 주제 융합 과목, 실생활 체험 및 응용을 위한 과목의 성격을 지닌 과목으로 규정되었다. 전체적으로 볼 때 2022 고등학교 교육과정은 이전보다 일반 선택 과목 수를 줄이고, 학생들의 진로와 적성을 고려한 좀 더 다양한 실생활적이고 융합적인 과목들을 진로 선택 과목과 융합 선택 과목을 통해 제공하고자 했다.

2 교과교육에서 문해력이 중요한 이유

앞서 보았듯이, 2022 개정 교육과정에서는 기초 문해력, 한글 해득 교육, 언어 소양, 디지털 소양(역량)등이 주요 용어로 제시되었다. 이렇게 초·중등학교 교육에서 문해력이 강조되고 있는 이유가 무엇인지 살펴본다.

문해력(文解力)의 사전적 정의는 "의사소통을 목적으로 하는 문자 언어의 사용 능력, 즉 모어(母語)를 읽고 쓸 수 있는 능력을 가리킨다. 읽고 쓸 수 있는 능력이란 자소를 음소로, 음소를 자소로 바꾸는 최소한의 능력을 의미하는 것이 아니라 읽기와 쓰기의 활용에 대한 심적 경향이나 사고방식까지를 포함하는 것이며, 문자 언어로 된 메시지를 단순히 받아들이고 해석하는 것이 아니라 능동적이고 자율적으로 메시지를 생성해 내는 것까지를 포함하는 개념"이다(「국어교육학 사전」, 서울대학교 국어교육연구소, 1999).

여기서 잠깐 우리나라에서 '문해력'이라는 용어가 가지고 있는 역사적 맥락을 보고자 한다. '문해력'은 한국전쟁을 겪은 고령 세대가 아동기와 청소년기 였을 때 당시 이들의 문맹을 해소하기 위해 문맹 퇴치를 목표로 내세우면서 주로 사용됐던 단어인데, 최근 들어 초·중·고를 가릴 것 없이 교육 현장에서 가장 시급한 현안으로 급부상했다(박세당, 박세호, 2022; 31쪽). 문해력의 고전적 정의는 '문자를 읽고 뜻을 이해해 사용할 수 있는 능력'이다. 주로 한글 해독이 안 되는 문맹자를 대상으로 한 문맹 퇴치 교육에서 목표로 제시하기 위해 만들어진 용어로 짐작된다. 과거에 학생들의 성적 저하 문제는 책을 못 읽어서가 아니라 참고서나 연습문제 풀이, 사교육 강의 등을 충분히 하지 못해서 생겨났다. 하지만 컴퓨터 게임과 스마트폰이라는 엄청난 변수가 등장한 이래 학생들의 난독 문제가 심각해졌다고 한다. 현재 학생들의 성적이 저하되는 데 가장 큰 영향을 미친 요인이 바로 컴퓨터 게임과 스마트폰이라는 것이다(박세당, 박세호, 2022; 32쪽).

박세당과 박세호는 난독증과 난독은 구별해야 한다고 주장하는데, 난독증(Dyslexia)이란 정신의학에서 다루는 정신 질환의 일종이며, 가장 중요한 특징은 선천성이며 유전적 영향이 크다고 한다. 그래서 학생이 난독증을 앓고 있으면 부모가 같은 증상을 갖고 있을 가능성이 크다고 한다. 난독증의 원인은 아직 확실하게 밝혀지지 않았으나 언어를 담당하는 좌뇌의 기능 저하로 보고 있으며, 난독증은 선천적인 독서 장애이다. 현재까지도 난독증의 원인이 규명되지 않았으므로 이에 따른 치료 방법도 교육자, 과학자, 의학자별로 조금씩 다르다고 하였다.

난독증과 달리 난독(Acquired Reading Disability)은 후천적이며 환경과 생활 습관의 영향을 크게 받는다고 한다. 좀 더 정확하게 표현하자면, 난독은 독서 능력이 길러지고 완성되어야 할 시기에 문자로 이루어진 문서나 책(전자책 포함) 대신 유튜브 키즈로 대표되는 동영상이나 스마트폰 게임에 과도하게 몰입한 결과, 문자에 대한 흥미를 잃어 글 읽기 양이 부족해진 것이 주원인이라고 한다(박세당, 박세호, 2022; 81쪽).

글을 읽을 수 없는 '문맹'과 다른 '문해맹'이란 말이 있다. 문맹(文盲)은 글 자체를 읽을 수 없는 것이고, 문해맹(文解盲)은 글을 읽을 수는 있지만, 그 뜻하는 바와 맥락을 잘 이해하지 못하는 경우를 이른다. 그래서 '문해맹'에 대한 정의는 보통 이해력의 문제로 접근한다.

다시, 문해력에 대한 관심이 커지고 문해력 교육이 강조되고 있는 시대적 배경을 짚어보자. 2020년부터 본격화된 코로나 19 팬데믹 사태는 우리나라를 비롯해 전세계를 충격과 공포로 몰아넣었으며, 전지구적인 변화에 영향을 끼쳤다. 특히 학교교육 측면에서 보면 아이들은 등교를 못하고 집에서 온라인으로 가정학습을 해야 했다. 직장에 나가야만 했던 대부분의 부모들은 아이들만 집에 남겨놓고 출근하면서 불안할 수 밖에 없었고, 부모들이 아이들과 가장 크게 부딪힌 문제는 다름 아닌 스마트폰 사용 이슈였다. 많은 부모들은 코로나 시기에 전대미문의 스마트폰 중독자가 양산되는 시기가 될 것이라고 걱정했으며, 부모들은 스마트폰 노이로제에 걸렸고, 청소년들은 부모의 잔소리에 노이로제가 걸려서 자주 다투기 일쑤였다. '중독포럼'이라는 전문가 단체의 조사에 의하면, 코로나 19 팬데믹 시기에 성인의 45퍼센트가 스마트폰 사용 시간이 늘었는데, 우울하고 불안한 사람들일수록 더 그랬다고 한다. 다른 시민 단체에서 조사한 아이들의 스마트폰 및 태블릿 PC 사용 시간은 코로나 이전보다 일일 평균 3시간 이상 늘었다는 보도도 있었다. 여성가족부의 조사에서도 초등 4학년들의 스마트폰 중독이 늘어난 것으로 나타났다. 결국 아이들이 코로나 이전보다 이후에 스마트폰을 더 많이 보고 더 많이 하는 것은 현실이다. 스마트폰, 태블릿 PC, 인터넷 게임의 사용 증가는 코로나 이후 아이들의 실생활에 어쩔 수 없이 일어난 결과이다(김현수, 2020; 75-76쪽).

집에 혼자 남겨진 아이들은 온라인에 접속해 선생님의 강의에 자율적으로 참여하고 집중해야 했는데, 갑작스럽게 맡겨진 학습의 자율성에 아이들은 혼란스러울 수 밖에 없었을 것이다. 팬데믹이 미래 교육의 역할과 목표에 던진 질문에 대한 논의가 활발히 진행되고 있을 즈음, 교육 분야, 특히 문해력 교육 분야에 또다른 과제가 도착하였다

(서혁, 김연지; 2024; 14쪽). 2022년 11월에 공개된 대규모 언어모델 기반의 대화형 인공지능 챗GPT가 그것이다. 전세계는 챗GPT에 열광하는 동시에(3개월 만에 월 사용자 1억명에 도달하였다) 충격을 금치 못했다. 이는 우리가 '읽고 쓰는 행위' 혹은 '언어로 사고하는 것'이 인공지능 기술이 침범할 수 없는 인간만의 고유한 영역이라 믿어 왔음을 방증한다(서혁, 김연지, 2024; 14쪽). 그런데 이 믿음이 깨지게 될 위기 상황에 처하게 것이다.

사실 문해력이 문제가 된 것은 어제 오늘의 일이 아니지만, 최근 문해력 문제가 부각된 해프닝들 가운데 하나만 예를 들어 보겠다(아래 내용은 박세당, 박세호(2022)의 책 21-25쪽에서 인용). 2022년 8월에 서울에 있는 모 만화 카페에서 트위터에 게재한 작가 사인회 관련 안내문이 화제가 되었다. '작가 사인회 예약을 받는 과정에서 실수가 있었고, 불편을 끼쳐 죄송하다'라는 내용으로, 일상 생활에서 흔히 볼 법한 안내문 이었다. 그런데, 이 트윗에 달린 댓글들이 너무나 예상 밖이었다. 심각한 문해력 결핍을 보여주는, 이른바 한 편의 블랙코미디를 방불케 했다. 해당 카페의 공지 글에는 "사인회 예약이 모두 완료되었습니다. 예약 과정 중 불편 끼쳐 드린 점 다시 한 번 심심한 사과 말씀 드립니다."라는 문구가 있었다. 이 '심심한 사과'라는 문구에 누군가가 댓글을 달았고, 댓글 행렬이 이어졌다. '심심한 사과에 말씀을 드린다'라는 말은 알다시피 '매우 깊고 간절하게 죄송하며 용서를 구한다'라는 뜻인데, 댓글을 단 이들은 이를 '지루하다'라는 뜻의 '심심한'으로 잘못 받아들이고 글쓴이를 비아냥거렸다. 논란이 커지자 해당 카페 측이 '심심한 사과'를 '진심으로 사과'라고 수정해 다시 공지하는 웃지 못할 해프닝도 벌어졌다.

「어휘력과 문해력 부족 문제는 최근 몇 년간 꾸준히 심각한 교육 문제로 지적되어 왔다. 2021년에 EBS(교육방송)에서 청소년의 어휘 실태를 주제로 '당신의 문해력'이라는 프로그램을 방영한 바 있다. 학생들은 '사흘'이라는 단어를 보고 고개를 갸웃거리거나 '한 달?'이라고 답하기도 했고, 모레 다음날을 의미하는 '글피'를 듣고 '글피를 못 잡다'고 헷갈리기도 했다. 해당 방송에서는 10명 중 9명이 '글피'의 정확한 뜻을 모른다고 답했다. 특히 학교에서는 학생들의 어휘력 부족 사태가 심각한 수준이라는 일선 교사들의 증언은 일찍 이어졌다. '금일(今日)'을 금요일로 알거나, '고지식'을 높은(高) 지식으로 이해하는 등 단어의 뜻을 몰라 교과서를 올바르게 읽지 못하고 시험문제를 제대로 풀지 못하는 일이 비일비재하다는 것이다. 한 고등학교 교사는 '연세가 어떻게 되느냐'는 말도 학생들이 의미를 모른다고 말하기도 했다. 2021년 4월에 한국교총이 전국 초·중·고 교사 1152명을 대상으로 설문한 결과, 학생들의 문해력 수준을 점수로 매겼을 때 90점 이상(A등급)인 학생은 2.1%에 불과했다. 응답자 중 4명은 "학생들 문해력 수준이 70점대(C등급)"이라고 답했다. 교사들은 문해력 사태의 주된 원인으로 '유투브'를 꼽았다. 특히 코로나 19 사태 이후 학생들이 전자기기와 지나치게 가까워진 것을 문제의 원인으로 꼽기도 했다. 이어 '독서를 소홀히 해서'라는 답변도 54.3%로, 과반을 넘겼다. 실제로 2021년 기준 1년간 책을 한 번도 펼치지 않은 1020세대는 다섯명 중 한 명인 것으로 드러났다. 2021년 문화체육관광부가 조사한 '2021년 국민 독서실태조사' 통계에 따르면, 1년간 종이책, 오디오북, 전자책을 포함해 한권도 읽지 않은 19-29세가 21.9%에 달한다(2022.8.22일자 주간조선 온라인기사에서 발췌).」

'심심한 사과'의 뜻을 두고 벌어진 이 해프닝은 그냥 웃고 지나갈 일은 아닌 것 같다. '심심한 사과'의 뜻을 둘러싸고 벌어진 해프닝과 관련 기사를 볼 때, 최근 학생들의 문해력 수준이 심각하게 저하되었다고 진단할 수 있다. 그런데, 이러한 문해력 저하의 원인에 대해서도 여러 가지 다른 시각이 있다. 예컨대, 박세당과 박세호(2022)는 문해력 논란이 벌어지는 배경이 난독이라는 '후천성 독서 장애'라고 본다. 이들에 의하면 평소 글을 읽기 싫어했건 읽고 싶은데 잘 안 됐건, 또는 날 때부터 이런 증상을 겪었건 자라면서 어느 날부터 증상이 시작됐건 간에 심각한 어휘 부족을 겪는 건 난독 증상에 기인한다는 것이다. 그러므로 어휘 부족이 결과적으로 문해력 결핍으로 이어지지만, 난독 현상의 결과로 어휘 부족이 생긴 것이 먼저임을 이해해야 한다고 주장한다. 이런 사람들에게 부족한 어휘를 채워 넣는 작업은 쉽지 않은데, 왜냐하면 결국 난독이라는 벽을 넘어야 하기 때문이라고 하였다.

문해력은 현대사회에서 일상적인 삶을 영위하는 데 꼭 필요한 역량이기 때문에, 문해력이 결핍되거나 부족하면 일상 생활은 물론 사회·경제적 활동을 하는 데, 특히 교육을 하거나 받는 데 큰 불편함을 겪게 된다. 이하에서는 교육부의 자료(2022 교육부 공식 블로그 국민서포터즈 누리울림에 게시된 "문해력의 씨앗을 키워라!"의 주요 내용을 발췌)를 통해 문해력의 개념 및 문해력 교육의 필요성에 대해 살펴본다.

유네스코(UNESCO)는 1956년부터 문해력을 '최소 문해력'과 '기능적 문해력'으로 나누었다. '최소 문해력'이란 '글을 읽고 쓰는 기초능력'을, '기능적 문해력'이란 '글을 이해하고 사용할 수 있는 능력'을 뜻한다. 단순히 문자를 읽고 쓰는 것이 아니라, 글의 내용을 이해하고 해석한 것을 바탕으로 창작할 수 있는 능력이 바로 '기능적 문해력'이다. 세계에서 가장 뛰어난 문자인 한글 사용과 높은 교육열 덕분에 대한민국의 문맹률은 매우 낮은 수준이다. 그러나 기능적 문해력을 갖추지 못한 '실질적 문맹률'은 늘어나는 추세이다. 국제학업성취도평가(PISA) 읽기 테스트에 따르면, 한국 학생들의 읽기 능력은 2006년에는 556점으로 OECD 가입국 중 압도적으로 1위를 기록했지만, 2009년에는 539점, 2012년에는 536점, 2015년 517점까지 급격하게 하락하여, 2018년에는 514점으로 5위를 기록했다고 한다. OECD에서는 문해력을 미래 사회를 살아가기 위해 갖추어야 할 기초적인 역량으로 강조했는데, 그렇다면 왜 문해력을 갖추어야 하는 것인가?

문해력을 갖추어야 하는 첫 번째 이유는 미래 사회는 다양한 분야의 지식이 폭발적으로 증가하는 시대이기 때문이다. 사회가 점차 고도화되고 복잡해질수록 다양한 종류의 문해력이 요구된다. 금융 정보를 이해하고 활용하는 금융 문해력, 의학 정보와 처방전을 이해하는 건강 정보 문해력, 진짜 뉴스와 가짜 뉴스를 구별하는 미디어 문해력 등 삶에서 필요한 문해력이 더욱 다양해지고 있다. 따라서, 앞으로의 시대에는 방대한 양의 정보 속에서 스스로 어떤 내용을 학습하고 알아갈지 공부하는 것이 매우 중요하다. 정보와 데이터를 읽고 해석해서 활용하는 '문해력'을 갖추는 것이 필수인 이유다.

문해력을 갖추어야 하는 두 번째 이유는 문해력이 학습 능력을 좌우하는 가장 기초적이면서 중요한 역량이기 때문이다. 문해력은 국어 과목 뿐 아니라 모든 과목에서 필요한 기초 이해능력이다. 예를 들어, 수학 과목에서는 문장으로 된 문제를 통한 사고력 확장을 강조한다. 그런데, 문해력이 부족하다면 수리 능력이 있어도 문장 자체를 이해하지 못해 문제 해결이 불가능하게 된다. 수학 뿐만 아니라, 다른 모든 과목에서도 문제 이해는 필수적이기 때문에 든든한 기초 문해력을 갖추는 것은 학교교육에 큰 영향을 미친다. 또한, 새로운 정보와 지식을 받아들이는 도구로써 문해력은 학교의 모든 과목에서 필요한 '학습 도구어(교과서에 자주 나오고, 사고를 정교하게 하는 어휘를 뜻함)'에 대한 이해를 돕는다.

3 우리나라 중등학생들의 문해력 실태

이 절에서는 고려대학교 이순영 교수의 글(2024)을 통해 우리나라 중등학생들의 문해력 실태에 대해 간략히 살펴본다.

「우리나라 중등학생의 문해력 실태를 확인할 수 있는 가장 중요한 데이터로는 'PISA('Programme for International Student Assessment의 약어, 국제학업성취도평가)' 결과와 '국가수준 학업성취도평가 결과'를 들 수 있다. PISA는 OECD에서 주관하여 3년마다 만 15세 학생들의 읽기, 수학, 과학 성취와 추이를 확인하는 국제평가이다. 가장 최근의 평가는 2022년 중반에 81개국(OECD 37개국)의 학생을 대상으로 시행되었다. 우리 학생들의 PISA '읽기' 평가 결과는 515점(PISA 2018 때 514점 대비 1점 상승), 전체 참여국 중 2-12위를 기록했다. PISA 2018 대비 읽기 성취수준은 유사하게 유지되었고, 국가 순위는 소폭 상승했다고 볼 수 있다. 수준별 비율도 5·6 수준(상위) 비율이 13.1%에서 13.3%로 소폭 증가하였고, 2수준 이하(하위) 비율은 34.7%에서 34.1%로 소폭 하락하였다. 일부 언론에서는 이 결과를 '코로나도 이긴 교육의 힘. PISA, 한국 학생들 성적 올랐다'나 '공교육은 무능하지 않았다'와 같은 제목으로 대서특필하였으나, 엄정하게 말하면 우리 학생들의 읽기 성취가 가장 높았던 PISA 2006이래 2018까지 12년간 급격했던 하락세(PISA 2006 때 556점이었던 평점이 2018년까지 무려 42점이나 하락함)가 정체되어 2015년 이래 유지되고 있다고 해석할 수 있다. 특히 PISA 2022는 코로나 19의 영향이 있었기에 2025년의 결과를 보고 그 추이를 해석할 필요가 있다. 또한 평가 결과, 남녀 학생들의 높은 점수 차(34점)와 35%에 육박하는 2수준 이하 저성취 학생들에 대한 지원이 시급하다는 사실도 확인할 수 있다.

두 번째로 한국교육과정평가원에서 제공하는 '2022 국가수준 학업성취도평가'의 국어과 결과를 확인할 수 있다. 이는 문해력 평가는 아니지만 문해력 관련 문항을 다수 포함하고 있어 우리나라 중·고등학생의 문해력 실태 및 추이를 파악하는 데 중요한 결과를 제공한다. 최신 데이터인 2022년 시행 결과를 보면 중학생(3학년)의 성취수준별 비율은 4수준은 33.1%, 3수준은 30.3%, 2수준은 25.3%, 1수준은 11.3% 였고, 고등학생(2학년)의 성취수준별 비율은 4수준은 14.4%, 3수준은 39.6%, 2수준은 38.0%, 1수준은 8.0%으로 중학생과 고등학생의 수준별 분포에 차이가 있음을 알 수 있다. 또한 국어교과 내 타 영역 대비 '읽기' 점수는 학생들의 성취가 낮고 성취수준 집단별 정답률의 차이가 가장 큰 특징이 나타났다. 중학생은 사실적 이해에서 나아가 추론적 이해를 위한 교수·학습의 필요성이 나타났고, 고등학생은 46%에 이르는 2수준 이하 학생들의 성취가 특히 낮아 사실적 이해능력부터 증진이 필요했다. 이외에도 학생 대부분 꼼꼼하게 읽기 및 다문서 독해 지도가 필요한 상황이었다.

마지막으로 위의 최신 평가 결과를 해석함에 있어 코로나 19의 영향을 고려할 필요가 있다. 서울교육정책연구소의 「2021-1 현안분석 보고서(코로나 19 전후, 중학교 학업성취등급 분포를 통해 살펴본 학교 내 학력격차 실태 분석)」에 의하면 코로나 19 시기에 학업성취 분포의 불평등 정도(지니계수) 증가폭이 더 크고, 학업성취 양극화(특히 하위 집단의 증가)가 더 심화된 특징이 나타났다. 아동권리보장원에서도 코로나 19 대응 아동실태조사 결과를 발표했는데, 코로나 19는 아이들의 일상생활, 정신건강, 교육·학습 영역에서 많은 변화를 가져왔으며 특히, 빈곤가구 아동들이 더 많은 어려움을 겪은 것으로 나타났다. PISA 2022 결과에 따르면 우리 중등학생들은 코로나 19시기를 거치면서도 OECD 가입국에 대비해 상대적으로 문해력 성취를 잘 유지하고 있는 것으로 보인다. 그러나 과연 15년 이상 지속되던 하락세를 멈췄는가에 대해서는 수년 후 재확인이 필요하다. 또한 문해력의 양극화 문제, 특히 저성취 학습자와 남녀 성차 극복을 위한 지원, 그리고 사실적 독해부터 꼼꼼하게 읽기와 다문서 독해를 통한 고등 수준의 문해력 습득을 위한 교수·학습법의 개발 및 실천에 힘쓸 필요가 있다(본문 내용 출처: 이순영, 2024; (2): 우리나라 중등학생의 문해력 실태, 고려대학교 교육신문 3월호 기고문).」

4 문해력을 어떻게 기를 것인가?

앞 절에서 살펴본 바와 같이, 우리나라 초중등학교 학생들의 문해력 실태는 문해력 교육이 잘 되어야 하는 이유를 보여준다. 그렇다면, '문해력을 어떻게 기를 것인가'가 중요한 문제인데, 이와 관련해서는 국어교육 전문가의 견해를 참고하는 것이 좋을 것이므로, 제민경(2024)의 연구를 토대로 문해력을 기를 수 있는 방법에 대해 살펴보고자 한다.

1) 문해력 교육에 대한 연구

제민경(2024)은 발달적 관점에서 초등학교 교육 방향을 중심으로 문해력 교육 실행 방향을 연구하였다. 여기서 '발달적 관점'이란 초등

교육이 8살에서 13살에 이르는 아동을 대상으로 하는데, 이 시기의 아동은 신체적 측면 뿐만 아니라 인지적·정서적 측면에서 급격한 변화를 겪으며 이는 '발달'의 관점에서 접근할 때 보다 적극적으로 논의될 수 있다는 의미이다.

제민경(2024)은 교육과정에 진입한 아동의 발달은 학습과 더불어 복합적으로 이루어진다고 보는 관점을 취하는 것으로 보이며, 발달적 관점을 취하는 이들은 발달의 과정에 따라 강조되어야 하는 문해력이 달라야 한다고 보는 인식을 지지하는 것으로 보인다. 가령, 비판적 문해력을 중시한다고 하더라도 초등학교 2학년 학생에게 이를 강조하는 것에는 무리가 있다고 생각한다면 이에는 발달에 대한 인식이 전제된다고 볼 수 있다고 서술하였다. 제민경(2024)은 초등 문해력 교육의 방향을 1-2학년과 3학년 이후로 구분하고 각 학년군에 따른 문해력 교육의 방향을 제시하고자 하였다. 초등학교 1-2학년의 문해력 교육이 일상적인 문해력의 차이에서 발생하는 문해력 격차를 줄이고 아동을 일반적인 문해력 발달 곡선에 위치시키는 것을 목표로 하여 향후 발달시켜야 하는 여러 층위의 문해력의 기반이 되는 초기 문해력을 완성시키고 일상적 문해력의 지속적 발달을 중점적으로 지원하는 것이라면, 초등학교 3학년 이후의 문해력 교육은 보다 미래 지향적인 목표를 제시하면서 여러 층위의 문해력을 고루 발달시키는 것을 목표로 삼는다고 하였다.

제민경(2024)은 '읽기'라는 행위가 맥락에 따라 여러 가지 다른 의미로 해석될 수 있음을 보여주고 있는데, '읽기'는 '해독(decoding)', '독해', '비판적 문해력', '미디어 문해력'등으로 다양한 의미를 가질 수 있다는 것이다. 이러한 점에서, 제민경(2024)은 학년군별 발달 단계에 따른 문해력 교육의 목표가 설정되어야 할 필요성을 확인한다고 하였다. 이에 따라 먼저 문해력의 유형에 대한 선행 연구들을 검토하고, '기능적 문해력, 비판적 문해력, 문화적 문해력, 미디어 문해력'등이 공통적으로 언급되는 핵심 문해력이라고 정리하였다. 그리고 이에 대해 '학문적 문해력'을 학습자가 갖추어야 할 핵심 문해력으로 상정하였다.

제민경(2024)에 의하면, 분야별 문해력이라고도 불리는 '학문적 문해력'은 특정 학문 분야에서 발휘되는 문해력으로서, '학습하는 능력'을 전제로 한다. 기초 학력을 삶을 영위하고 학습을 지속해 나가는 데 기반이 되는 학습력, 곧 배울 수 있는 힘이라 의미화할 때, 학력 또한 학습하는 능력을 의미한다고 볼 수 있다. 그런데 학습하는 능력은 결국 분야별 텍스트의 언어를 읽고 쓰는 능력과 밀접하게 관련을 맺는다. 곧 국어를 읽고 쓰는 행위로서의 문해력은 학습의 맥락에서 학문 문해력을 성취하는 데 토대가 되며, 분야별 문해력의 '분야'를 학교에 한정하지 않고 사회로 확장한다면 학문 문해력은 원활한 사회생활과도 관련된다.

제민경(2024)은 기능적 문해력, 비판적 문해력, 문화적 문해력, 미디어 문해력, 학문력 문해력의 관계와 배열에 대한 논의를 검토하면서, 문해력의 다양한 형태와 층위를 제민경(2015)의 연구에서 제시된 다층화 모형으로 제시하였다. 제민경(2015)에서는 사회문화적 과정으로서 장르를 정의하고, 텍스트를 사회문화적으로 생성하는 과정에서 인식해야 할 변인을 '목적, 화제, 매체'의 3가지로 제시하였고, 여기서 '화제'는 '분야'의 의미를 지닌다. 문해력을 '텍스트를 읽고 쓰는 행위'라는 포괄적인 의미로 정의할 때, 이 행위가 지니는 다층성은 화제(분야), 목적, 매체 중 무엇을 보다 초점화한 행위인가에 따라 접근 가능한 것이다.

옥현진(2013)은 OECD의 DeSeCo 프로젝트에서 도출한 핵심역량을 모두 아우를 수 있는 개념을 문식성이라 보며 DeSeCo 프로젝트에서 도출한 3가지 범주를 설명하고 있는데, 여기서 문식성의 도구 자원은 '매체', 문식성 실천의 목적과 대상은 '목적'과 관련된다.

표 6-1 DeSeCo 프로젝트에서 핵심역량의 범주화(옥현진, 2013)

DeSeCo 프로젝트의 범주별 핵심역량	옥현진(2013)
• 도구(예를 들어 언어와 테크놀로지)를 상호작용적으로 활용하기 - 언어, 상징기호, 텍스트를 상호작용적으로 사용하기 - 지식과 정보를 상호작용적으로 사용하기 - 테크놀로지를 상호작용적으로 사용하기	문식성의 도구 자원
• 이질적인 집단과 상호작용하기 - 타인들과 우호적으로 관계 맺기 - 팀 속에서 협력하여 일하기 - 갈등을 관리하고 해결하기	문식성 실천의 대상
• 자율적으로 행동하기 - 큰 그림 속에서 행동하기 - 인생 설계 및 개인의 프로젝트를 만들고 실천하기 - 권리, 관심, 제약, 필요를 변호하고 주장하기	문식성 실천의 목적

출처: 제민경(2024)의 논문 51쪽에서 재인용

이러한 논의들을 바탕으로 제민경(2024)은 초등 교육에서 목표 문해력의 배열을 〈표 6-2〉와 같이 제시하였다.

표 6-2 초등 교육에서 목표 문해력의 배열(제민경, 2024)

	문해력	1-2학년군	3-4학년군	5-6학년군
목적	비판적 문해력			
	기능적 문해력			
	(초기 문해력)			
매체	미디어 문해력			
화제(분야)	문화적 문해력			
	학문적 문해력			
	(일상적 문해력)			

〈표 6-2〉에서 '목적, 매체, 화제'라는 범주의 의미를 '문해력'을 중심으로 재정리하면, 다음과 같으며, 각각의 범주는 상호 교섭적이다.

- 목적: 어떤 목적을 가지고, 누가 의사소통을 하는가?
- 매체: 어떤 매체에서 어떤 양식의 언어로 소통하는가?
- 화제(분야): 어떤 분야에서 어떤 언어로 소통하는가?

제민경(2024)은 〈표 6-2〉를 제시하고 초기 문해력은 개념적으로 기능적 문해력에 포함되는 것이지만, 교육적 목표를 분명히 하기 위해 별도로 범주화한 것이라고 하면서, 초기 문해력 개념은 발생학적 문식성 개념에 따라 초등학교 2학년 시기의 문해력을 일컫는다고 하였다. 이 초기 문해력 개념은 기초 문해력 개념과 달리, 초기 문해력은 학습과 아동의 언어 생활을 위해 1-2학년군에서 반드시 완성되어야 할 목표로 본다. 제민경(2024)은 초기 문해력은 초기 아동기의 학습 성취가 학교에서의 수행에 중요한 기초가 됨을 중시하며 특히 초기 아동기 시기에 아동이 각자의 문해력 환경에 따라 갖게 되는 문해력 격차에 주목하여 초등 저학년 시기에 충분한 문해력 지원 교육이 이루어져야 함을 강조하는 개념이라고 하였다.

제민경(2024)은 매체 범주의 미디어 문해력은 초등 3학년 이후 향상시켜야 할 문해력이지만 초등학교 입학 전후에 발생학적 문식성 관점에서 아동의 초기 문해력을 진단하고 지원하는 데 중요한 근거가 된다는 점에서 1-2학년군에서부터 접근이 필요하다고 하였다. 문자를 학습하기 이전에도 아동은 구어 이외 다양한 기호와 그림을 통해 의사소통하며 이러한 아동의 경험을 음독이나 낭독을 통해 문자와 적절하게 연결시켜 주는 것이 초기 문해력과 기능적 문해력의 초기 지도에 매우 중요하다고 하였다. 한편, 문화적 문해력은 사회문화적 맥락을 읽어 내고 쓸 수 있는 능력을 의미한다고 하였다.

2) 문해력 발달을 위해 무엇이 필요한가?

제민경(2024)은 초등 교사 대상의 설문 조사 결과를 바탕으로 하여, '일상적 문해력, 구두 언어 발달의 고려', '실제적인 수준별 텍스트를 통한 문식 활동의 다양화', '학문적 문해력의 고려'를 문해력 발달을 위한 방안으로 다음과 같이 제시하였다.

첫째로, '일상적 문해력, 구두 언어 발달'은 초등학교 1-2학년군 아동의 문해력 환경의 특성을 이해하고 구두 언어 중심의 아동 언어를 구두 언어 & 문자 언어의 복합 언어로 이동시키면서 문해력 격차를 줄이기 위해 우선적으로 고려해야 할 내용이다.

둘째로, '실제적인 수준별 텍스트를 통한 문식 활동의 다양화'는 아동의 일상적 언어가 추상적 언어, 전문적 언어로 나아가기 위한 발판으로서 문해력 발달 단계에 따라 지속적으로 필요한 것이다.

셋째로, '학문적 문해력'은 현재 초등학교 문해력 교육에서 가장 논의가 부족한 것이지만, 아동의 문해력 발달 단계를 고려할 때 초등 단계에서부터 반드시 지향되어야 할 문해력이다.

제민경(2024)에 의하면, 이러한 3가지는 초등 문해력 교육의 필요충분조건이라기보다는 현 시점에서 아동의 발달 단계를 고려할 때 보다 중요하게 논의되어야 할 내용으로서, 상대적으로 관련 연구가 미비한 것들이다.

이상에서 살펴본 것은 국어교육 이라는 학문에 기초한 문해력 발달 방안이며, 이보다 구체적인 문해력을 기르는 방법이나 기술(skills)을 원하는 이들도 있을 것이다. 그래서, 교육부의 홍보자료를 토대로 문해력을 기르기 위한 구체적인 기술 다섯 가지를 추가로 제시해본다.

「첫째, 소리내어 글 읽기.

문자에 아직 익숙하지 않은 미취학 아동부터 초등학교 2학년까지는 소리내어 글을 읽는 연습이 언어 발달에 도움이 된다.

둘째, 모르는 어휘 알아보기.

집을 짓기 위해서는 벽돌이 필요한 것처럼, 책에 있는 문장을 읽고 이해하기 위해서는 어휘를 알아야 한다. 만일 학교에서 배우는 교과서 내용이 이해가 되지 않는다면 어휘력이 부족하다는 뜻이다. 실제 많은 학생들이 우리말을 어려워하는 이유는 어휘력이 부족하기 때문이다. 그런데, 우리말은 한자어에 많은 영향을 받았다. 따라서 한자를 모르면 어휘를 이해하지 못하게 되고, 방대한 지식을 습득할 수도 없게 된다. 글을 읽다가 만나는 모르는 어휘에 대해서는 문장을 통해서 상황에 맞는 뜻을 알 필요가 있다. 같은 단어지만 상황이나 맥락에 따라서 다른 의미로 해석될 수 있기 때문이다. 그 때 한자어가 어떻게 다른지 확인하면 정확한 뜻을 파악할 수 있게 된다. '어휘력'이 부족하다면, 어휘력을 기르기 위해 시간이 날때마다 모르는 어휘를 검색해보기 바란다. 모르는 어휘를 검색하는 것은 문장 이해를 위한 어휘력 향상과 문해력 기르기의 초석(礎石)이라 할 수 있다.

셋째, 긴 호흡의 글에서 글 사이의 관계 파악하기.

중학교에서 고등학교로 진학하며 갑자기 길어진 글을 읽느라 어려워한다면 평소 긴 호흡으로 읽는 독서를 통해 글과 글 사이의 관계를 파악하는 훈련을 한다.

넷째, 스스로 질문하는 힘 기르기.

책을 읽고 난 후 자신이 느낀 점이 무엇인지, 더 궁금한 것은 무엇인지 등 다양한 관점으로 질문하고 스스로 생각하는 습관을 길러본다.

다섯째, '한글 또박또박' 활용하기.

'한글 또박또박'은 개별 학생의 한글 익힘 수준을 파악하여 맞춤 학습지와 성장 결과지를 제공하는 한글학습지원 웹 기반 프로그램이다. 선생님이 학생들의 한글 해득 수준을 확인할 수 있고, 보충 교재를 제공해 체계적으로 개별 맞춤학습을 할 수 있다(신영환 교육부 국민 서포터즈 기사 "비대면 시대, 선생님이 알려주는 우리 아이 문해력 기르는 방법!, 2021.7.15.일자).」

앞서 살펴본 박세당과 박세호(2022)는 문해력 발달의 필수 조건으로 정독을 강조한다. 이들은 문해력 붕괴가 난독 현상의 결과로 나타난 것이라고 본다. 화려한 미디어가 급속히 발달하고, 게임·동영상·웹툰 같은 볼거리가 이미 아이들의 일상 깊숙이 침투해 있어서 뜯어말리기엔 너무 늦은 감이 있다면서도, 난독 해결의 목표는 당연히 정독이라고 강조한다. 정독은 한자로 '精讀'이고 사전상 뜻풀이는 '뜻을 새겨가며 자세히 읽음'이다. '바른 독서' 정독(正讀)이 아니라 '정교한 독서'를 의미한다. 즉, 바르게 읽는 것이 아니라 정교하게 읽는 것이다. 무엇이 정교한 것일까? 모든 단어에 눈을 마주치면서 제대로 인식하는 것이다. 모든 단어에 눈을 마주치면서 읽는 것이 말처럼 쉽지는 않지만, 그렇더라도 답은 확실히 정독이다. 요즘에는 전자책이나 워드프로세서 뷰어에 정독 기능을 부여한 제품들이 나와 있으므로 하려고만 하면 누구나 할 수 있다(이를 워드플레이어라고 함).

5 문해력을 어떻게 평가할 것인가?

문해력 평가 방법에 대한 자료들을 검색해 보았지만, 전문적인 도움이 될 만한 자료가 별로 확인되지 않았다. 그래서, 일단 문해력 평가라기 보다는 문해력 수준을 확인하는 방법으로 제시된 내용을 간략하게 소개하는 정도로 살펴본다.

초등학교 학생들의 문해력을 테스트하는 방법은 다음과 같다.

첫째, 교과서를 읽고 모르는 어휘를 파악해 보는 것이다. 아이가 교과서의 한 페이지를 먼저 소리내어 읽도록 한다. 아이가 읽는 동안 교사나 부모는 주의깊게 듣고 중간에 멈추거나 이해가 어려워 보이는 부분이 있는지 관찰해야 한다. 교과서를 활용한 문해력 테스트는 단순하지만 매우 효과적인 문해력 평가 방법이다. 이 테스트를 통해 아이가 어떤 단어를 어려워하는지, 아이가 어떤 단어는 의미를 알고 있고, 어떤 단어는 의미를 모르는지 파악을 하여 필요한 부분을 보완해 주는 것이 아이의 문해력 향상에 도움이 될 것이다.

둘째, 책의 내용에 대해 질문하기 이다. 아이가 읽은 책이나 글에서 그 내용을 바탕으로 질문을 한다. 이야기의 주요 줄거리나 등장인물의 성격에 대해 묻거나 특정 장면에 대한 생각을 물어보는 방식으로 하면 된다. 예를 들어, "이 책의 주인공은 누구였지?", "읽은 책에서 가장 기억에 남는 장면이 뭐야?", "주인공은 이 상황에서 왜 그런 행동을 했을까?"와 같은 질문을 통해서 아이가 단순히 글을 읽는 것에서 끝나지 않고 책의 내용을 제대로 이해하고 있는지 확인할 수 있다.

셋째, 아이들의 문해력 수준을 평가할 수 있는 사이트를 활용해보는 것이다. 이것들은 웹 검색을 통해 접근 가능한 독서능력 진단검사라고 할 수 있다. 비록 사교육업체에서 만든 것이지만, 전문가들이 참여하고 감수했다는 점에서 객관성이 있다고 볼 수도 있겠다. 이러한 독서능력 진단검사를 통해서 아이의 학년에 필요한 교과 어휘와 독해 수준을 확인해 볼 수도 있다. 한편, 교육부가 구축한 '독서교육종합지원시스템'을 이용하는 것도 하나의 방법이다. 교육부의 독서교육종합지원시스템은 감상문 쓰기, 독서 퀴즈, 편지 쓰기, 일기 쓰기 기능이 있으며, 온라인으로 독후 활동을 할 수 있다. 교사는 학생의 독후활동 지도를 할 수 있으며, 학생들이 해당 학교도서관의 자료를 쉽게 찾을 수 있다.

제 7 장

고교학점제와 대학입시제도 개혁

1. 고교학점제에 대한 이해
2. 고교학점제 성공적 운영을 위한 핵심 요소
3. 고교학점제의 성공적 운영을 위한 제언

제7장 고교학점제와 대학입시제도 개혁

1 고교학점제에 대한 이해

고교학점제는 학생이 기초 소양과 기본 학력을 바탕으로 진로·적성에 따라 과목을 선택하고, 이수기준에 도달한 과목에 대해 학점을 취득·누적하여 졸업하는 제도이다(교육부, 2021). 지금까지 고등학생들은 주어진 교육과정에 따라 수업을 들었다. 하지만 고교학점제가 시행됨으로써, 학생들은 자신의 진로에 따라 원하는 과목을 선택하여 수업을 들을 수 있다. 기존에는 학생이 성취한 등급에 상관없이 과목을 이수할 수 있었다. 고교학점제에서는 학생이 목표한 성취수준에 도달하였다고 판단하는 경우에 과목 이수를 인정해준다. 따라서 배움의 질이 보장될 수 있다. 기존에 고등학교에서는 출석일수로 졸업 여부를 결정하였다. 하지만, 고교학점제에서는 누적된 과목 이수 학점이 졸업 기준에 이르렀을 때 졸업이 가능해진다. 따라서 졸업이 곧 본질적인 학력 인증으로 이어질 수 있다.

1) 고교학점제가 필요한 이유

획일적인 교육을 통해서는 학생의 학습동기와 흥미를 유발하기가 어렵다. 고교학점제는 학생의 과목 선택권을 보장하는 진정한 학생 맞춤형 교육을 실천함으로써 학생의 학습동기와 흥미를 불러일으킬 수 있다.

또한 고교학점제는 미래 사회에 중요한 역량을 기르기 위해 필요하다. 미래 사회에서는 직업 세계가 급변하기 때문에 자신의 진로를 스스로 개척하고 자기주도적으로 학습하는 역량이 필요하다. 고교학점제에서는 학생들이 스스로 자신에게 필요한 배움이 무엇인지를 찾게 함으로써 진로 개척 역량과 자기주도적인 학습 습관을 기를 수 있다.

그리고, 학생 개개인의 다양성을 지원하기 위해 고교학점제가 필요하다. 학생들간에는 분명 개인차가 있다. 학습의 속도가 다르고, 학습 목표도 다른 학생들을 성적 순으로 수직적으로 서열화하는 것은 학생들의 학습 의욕을 오히려 저하시킨다. 고교학점제에서는 학생 선택형 교육과정을 운영함으로써 다양한 능력과 적성을 가진 학생 개개인의 역량을 최대한 발휘할 수 있도록 학생을 지원한다.

2) 고교학점제 운영 방식

고교학점제에서는 다음의 단계에 따라 학사제도를 운영할 수 있다.

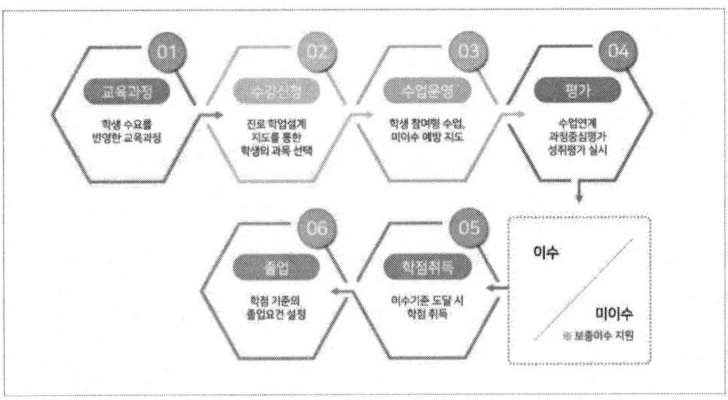

(교육부, 2021)

그림 7-1 고교학점제 운영 절차

각 고등학교에서는 우선 학습자의 과목 선택권이 보장되는 학점 기반의 교육과정을 편성한다. 학교는 학생의 학업 설계 결과와 수요 조사를 반영하여 개설이 가능한 과목을 확정하고, 학생은 개설된 과목 중 원하는 과목을 선택하여 개인 시간표를 작성한다. 학생들은 개인 시간표에 따라 수업에 참여한다. 교사는 석차보다는 학생이 성취 기준에 어느 정도 도달했는가를 평가함으로써 학생의 과목 이수 여부를 결정한다. 학생은 이수한 과목에 대한 학점을 취득하게 된다. 누적 학점이 졸업 기준에 도달하면 학생은 고등학교를 졸업하게 된다.

3) 고교학점제의 기대 효과

고교학점제가 잘 시행된다면 학생은 주어진 교육과정을 수동적으로 따라가는 존재에서, 자신에게 필요한 수업을 스스로 선택하고 자신의 진로를 개척해 나가는 자기주도적인 존재로 변화할 수 있다.

교사는 교과의 지식을 전달하고 대학 진학을 지도하는 역할에서, 학생 개개인의 다양한 성장과 맞춤형 학습을 지원하고 배움의 질을 보장하는 진정한 교수학습 전문가로 변화하고 성장할 수 있게 된다.

학교는 학생의 과목 선택권을 보장하기 위하여 학교 밖 교육과정을 편성·운영함으로써 폐쇄적인 학습 환경에서 벗어나, 타 학교·지역사회 등으로 확대된 학습환경을 제공할 수 있다.

4) 고교학점제의 향후 전개 예상

고교학점제는 2020년과 2021년에 마이스터고를 중심으로 학점제 도입을 시범적으로 운영하는 도입 준비기를 거쳤고, 2022년부터 2024년 사이에는 특성화고에서 학점제를 도입하여 운영했으며, 일반

계고에서는 학점제를 부분 도입하여 운영해 왔다. 2025년부터는 전국의 모든 고등학교에서 고교학점제가 본격적으로 시행되고 운영된다. 고교학점제가 성공적으로 현장에 정착할지 여부는 본격적으로 시행된 후 최소 3년 정도는 경과를 지켜봐야 할 것으로 예상한다.

2 고교학점제 성공적 운영을 위한 핵심 요소

1) 고교학점제와 2028 대학입시제도 개편안을 둘러싼 쟁점

교육부에서는 2023년 10월 9일 '2028 대입제도 개편 시안'을 발표했고, 동년 10월 30일에 2028 대입 개편 시안 정책 설명회를 개최하였다. 이에 따라 2028 대입 개편 시안에 대한 찬성과 반대 의견이 활발하게 제시되었다.

당시 정책 설명회 발표 내용에 의하면, 2028학년도 수능부터는 모든 영역이 선택 과목 없이 통합형으로 치러지며, 2025학년도부터 고교 내신은 현행 9등급제에서 5등급제로 바뀌고 절대평가와 상대평가를 병기한다. 교육부는 통합형 수능에 대해 "선택과목 없이 동일한 내용과 기준으로 평가하게 돼고, 수능 응시자들이 모두 다 응시해서 공정하게 점수가 나오게 된다"고 하였다. 이번 대입 개편안은 교육부가 '공정'에 중점을 둔 것으로 보이며, 고교 내신을 9등급제에서 5등급제로 바꾸고 절대평가와 상대평가를 병기하는 데 대한 논란에 대해서는 "교육정책이 안정적으로 해야 함을 강조"했다는 점에서 점진적인 변화 방식을 택한 것으로 보인다.

개편 시안에 따르면, 국어는 화법과 언어 독서와 작문 문학을, 수학은 대수 미적분Ⅰ 확률과통계를 각각 묶어 공통과목으로 모든 수험생이 응시한다. 사회탐구와 과학탐구는 고1 공통과목인 공통사회 공통과학을 출제 범위로 하여 모든 수험생이 응시한다. 기존 수능체제에서 문과생은 사회탐구만, 이과생은 과학탐구만 응시하는 것이 일반적이었는데, 2028학년도 수능부터는 이러한 경계가 완전히 없어지는 것이다. 수험생은 사탐 과탐을 동시에 응시해야 하는데, 두 과목 성적표는 따로따로 표기된다. 대학들은 입시에서 특정 영역에 가중치를 부여하거나 둘 중 하나만 반영할 수 있다.

그럼에도 불구하고, 내신에서 상대평가제를 유지할 경우 성적을 잘 받기 유리한 과목을 선택하는 학생들이 많을 것으로 예상되는 바 이는 고교학점제의 취지에 어긋난다는 지적이 있었다. 일각에서는 고교내신 상대평가에 대하여 고교학점제의 취지에 부합하지 않고 학생간의 과열 경쟁을 촉발한다고 주장하고 있다. 이에 대해 교육부는 그간 절대평가만 유지할 경우에 내실 부풀리기 등의 문제로 대입 공정성이 흔들릴 수 있다고 주장해 왔다. 이와 관련해서 설명회에 참석한 교육부 관료는 "상대평가를 해도 수업을 잘 안 듣는 학생들이 있는데 절대평가를 하면 수업을 잘 들을지 되묻고 싶다"며 "대입 계획 시행은 안정이 제일 중요하기 때문에 대학 입장에서는 전혀 해본 적이 없는 자료를 갖고 평가 기준을 만들려면 어려움이 있을 수 밖에 없다"고 설명했다.

한편 해당 설명회에 대해 사교육걱정없는세상 등 진보성향 교육단체의 회원들은 "상대평가 확대하는 2028 대학입학제도 개편안 반대" 기자회견을 통해 "이번 대입 개편 시안이 그대로 확정될 경우 고교학점제 무력화, 사교육 폭증, 경쟁교육 고통 심화 등을 심히 우려한다"고 밝혔다. 반면 보수성향 교육단체 회원들도 기자회견을 열고 "수능 상대평가는 공정한 선발의 기본"이라며 "준비가 부족하고 현장의 혼란을 가중시키고 있는 고교학점제를 전면 재점검하라"고 촉구했다. 이들은 대입지도는 이상도 중요하지만 현실을 무시할 수 없다며 대입의 공정성과 안정성을 강조했다.

당시 수능 개편안의 핵심은 내신 5등급제 변경과 고교 전학년 절대평가와 상대평가의 병기, 수능 선택과목 폐지이다. 교육부는 9등급제를 5등급제로 변경한 이유에 대해 학생수 급감으로 인하여 내신 1등급이 너무 적거나 아예 없어지는 문제를 해결하고, 선택과목의 유불리에 따른 쏠림 현상을 막기 위한 것이라고 설명하였다.

하지만 이에 대해 반대하는 측에서는 "내신 변별력이 줄어들면, 자연히 학생부종합전형이나 수능에서 입시 결과가 좋은 특목고에 대한 학생들이 쏠릴 수 있다"는 의견을 제시하였다. 또한 고교학점제를 도입한 취지는 학생들이 다양한 과목을 이수하면서 자신의 진로와 적성을 찾는 것이 목표인데, "진로 및 융합선택과목까지 상대평가를 적용하게 되면 학생들은 진로와 적성이 아닌, 철저하게 대입에서의 유불리를 따져서 교과목을 선택할 수 밖에 없다"는 비판이 제기되었다.

그렇지만, 상대평가를 전면 폐지하고 전 과목에서 절대평가를 전면 도입하면 학생 간은 물론 학교간 평가 기준에 대해서도 갈등이 커질 것이라는 예상도 있고, 대학들이 고교에서의 '성적 부풀리기'를 의심해서 내신보다 수능이나 대학별 고사에 무게를 두면서 오히려 전과목에 절대평가를 도입하게 되면 대도시 보다는 소도시나 소규모 학교의 학생들이 피해를 볼 거라는 견해도 있다.

한편으로는 전 과목에서 절대평가를 하게 되면 "대학 입장에서는 본고사나 면접 등을 더 강화할 수 밖에 없게 되고, 그러면 사교육에 대한 의존이 다시 늘어날 수 밖에 없을 것이라는 우려도 있다. 수능에서 선택과목을 폐지하는 것에 대해서도 공정성 제고와 대입 전형

간소화 효과가 있다는 긍정적인 평가도 있지만, 과학계에서는 다양한 과학 분야에 대한 탐색 기회를 잃고 학업 수준이 떨어지게 될 것이라는 우려를 표현하면서 반대 입장을 제시하였다.

그리고, 수학에서는 공통수학(대수, 미적분Ⅰ, 확률과통계)으로 실시하고, 심화수학을 절대평가로 신설할지 여부도 논란이 되었다. 교육부는 수능 수학의 범위에서 빠진 미적분Ⅱ과 기하를 묶어서 '심화수학' 과목을 신설하는 안을 제시하였다. 심화수학은 제2 외국어 및 한문 9과목과 심화수학 중에서 1과목을 선택하는 방식으로, 평가는 절대평가로 치르는 안이었다. 상위권 대학에서는 심화수학을 필수 반영할 가능성이 커서 심화수학 선택 여부로 문이과가 사실상 구분될 가능성도 있다는 전망도 나왔다.

수학 교과 진로선택과목인 '기하'와 '미적분Ⅱ'는 이과 및 공학 계열로 대학 진학을 희망하는 학생들이 선택하는 과목인데, 수능에서 이 두 과목을 하나로 묶어서 '심화수학'이라는 명칭으로 영역을 신설하여 절대평가를 실시한다는 안에 대해 논란이 컸다.

이번 개편안에서는 수능 논술형 서술형 문항 도입 등 근본적인 대입제도 개선 방안은 포함되지 않았다. 주요 과목의 평가 방식은 상대평가로 유지되고, 표준점수 백분위 등급(1-9등급)이 기재된 성적표가 제공되는 것도 이전과 동일하다.

교육부가 2021년 2월에 발표한 고교학점제 종합 추진계획에서는, 고등학교 1학년이 배우는 공통과목은 9등급 상대평가를 유지하고 2-3학년 선택과목은 전면 절대평가를 시행하겠다고 했다. 교육부가 2021년 6월에 발표한 '공교육 경쟁력 제고 방안'에서도 이 방침은 변화가 없었는데 4개월만에 결정이 뒤집혔다. 즉 4개월만에 고교 2-3학년 선택과목에서의 평가방식이 전면 절대평가에서 상대평가 방식 유지로 변경된 것이다.

교육부는 이렇게 2-3학년 선택과목에서의 평가방식이 변경된 이유에 대해서 "절대평가가 전면 도입되면 고1의 내신이 대입에서 중요해지고, 2-3학년의 교육과정이 황폐해질 수 있다는 이유를 들었다. 교육부는 절대평가 도입으로 '성적 부풀리기'가 나타나면 내신 변별력을 확보하기 어렵다는 의견도 반영했다고 밝혔다. 또한, 9등급제 하에서는 1등급이 상위 4%에 불과해 농어촌 등 소규모 학교나 학생들이 덜 선택하는 소인수 과목은 내신 1등급이 나오지 않을 수도 있기 때문에 고교 2-3학년에 전면적으로 절대평가를 실시하지 않고 5등급 상대평가를 실시하겠다는 것이다.

이러한 논란과 관련하여 이주호 부총리 겸 교육부장관은 "학년별로 다르게 설계된 내신평가 방식은 공정하지도 상식적이지도 않다"면서 "일관된 5등급제를 도입하고 상대평가 등급을 함께 기재해서 대학이 고교 내신에 신뢰를 가지고 평가할 수 있도록 하겠다"고 말했다. 이에 대해 입시업체와 전문가들은 표면적으로는 절대평가와 상대평가가 병기되는 체제이지만, 대부분의 대학이 상대평가 등급을 입시에 반영할 가능성이 크다고 전망했다. 9등급제가 5등급제로 완화되기는 했지만, 사실상 고교 1-3 전학년에 대하여 전과목 상대평가가 유지되는 것이다. 따라서 일각에서는 학생들의 학습부담이 커지고 내신경쟁은 과도해지며 고교학점제의 취지가 무력화될 수 있다는 우려가 제기되고 있다.

2) 확정된 2028 대학입시제도 개편안

교육부는 2023년 12월에 "2028학년도 대학입시제도 개편안"을 확정해서 발표했다. 개편안의 핵심은 내신 5등급제를 도입해 절대평가와 상대평가를 병기하고, 수능은 선택과목 없이 모든 수험생이 공통과목을 치르는 "통합형 수능"으로 출제된다는 것이다.

표 7-1 2028 수능 개편안 요약

영역		현행 (~2027 수능)	개편안 (2028 수능~)
국어		공통 + **2과목 중 택 1** • 공통 : 독서, 문학 • 선택 : 화법과 작문, 언어와 매체	공통 (화법과 언어, 독서와 작문, 문학)
수학		공통 + **3과목 중 택 1** • 공통 : 수학Ⅰ, 수학Ⅱ • 선택 : 확률과 통계, 미적분, 기하	공통 (대수, 미적분Ⅰ, 확률과 통계)
영어		공통 (영어Ⅰ, 영어Ⅱ)	공통 (영어Ⅰ, 영어Ⅱ)
한국사		공통 (한국사)	공통 (한국사)
탐구	사회·과학	**17과목 중 최대 택 2** • 사회 : 9과목 한국지리, 세계지리, 세계사, 동아시아사, 경제, 정치와 법, 사회·문화, 생활과 윤리, 윤리와 사상 • 과학 : 8과목 물리학Ⅰ, 화학Ⅰ, 생명과학Ⅰ, 지구과학Ⅰ, 물리학Ⅱ, 화학Ⅱ, 생명과학Ⅱ, 지구과학Ⅱ	• 사회 : 공통 (통합사회) • 과학 : 공통 (통합과학)
탐구	직업	1과목 : **5과목 중 택 1** 2과목 : 공통 + [1과목] • 공통 : 성공적인 직업생활 • 선택 : 농업 기초 기술, 공업 일반, 상업 경제, 수산·해운 산업 기초, 인간 발달	• 직업 : 공통 (성공적인 직업생활)
제2외국어/한문		**9과목 중 택 1** • 제2외국어/한문 : 9과목 독일어Ⅰ, 프랑스어Ⅰ, 스페인어Ⅰ, 중국어Ⅰ, 일본어Ⅰ, 러시아어Ⅰ, 아랍어Ⅰ, 베트남어Ⅰ, 한문Ⅰ	**9과목 중 택 1** • 제2외국어/한문 : 9과목 독일어, 프랑스어, 스페인어, 중국어, 일본어, 러시아어, 아랍어, 베트남어, 한문

※ 음영표기는 "절대평가" 적용 영역

출처: 교육부 보도자료 미래 사회를 대비하는 2028 대학입시제도 개편 확정안, 2023. 12. 27

표 7-2 시안 대비 확정안 비교표

구분	시안	확정안
수능	• 국어·수학, 사회·과학탐구, 직업탐구 선택과목 폐지, 공통으로 응시 • 사회·과학탐구에 '통합사회'·'통합과학' 과목을 출제 • 그 외 영역, 영역별 평가방식, 성적제공 방식, EBS 50% 간접 연계 등 현행 유지	시안 유지
	• 절대평가로 심화수학(미적분Ⅱ·기하) 영역 신설하는 방안을 추가 검토	• 심화수학은 수능에 미포함
	• 수능 출제·관리 全 단계에 걸쳐 이권 카르텔을 제도적으로 차단	시안 유지
고교내신	• 내신 9등급제 폐지, 5등급제로 개편	시안 유지
	• 모든 과목에 절대평가(A~E)·상대평가 (1~5등급) 성적을 병기	• 원칙적으로 시안 유지
	※ 체육·예술·과학탐구실험·교양 과목 석차등급 미기재	※ 체육·예술·과학탐구실험·교양, 사회·과학 융합 선택과목 석차등급 미기재
	• 논·서술형 내신 평가를 강화하고 국가·시도 평가관리센터 중심으로 절대평가 안착 지원 • 모든 교사의 평가역량 강화 지원	시안 유지

출처: 교육부 보도자료 미래 사회를 대비하는 2028 대학입시제도 개편 확정안, 2023. 12. 27

확정된 개편안을 보다 상세히 살펴보자. 고교 내신은 기존의 9등급 상대평가제가 5등급제로 개편되는데, 과목에 따라 평가 방식이 다르다. 융합선택과목 중 체육과 예술을 포함해 사회와 과학의 9개 교과목은 절대평가 등급만 기입한다. '여행지리', '역사로 탐구하는 현대 세계', '사회문제탐구', '금융과 경제생활', '윤리문제탐구', '기후변화와 지속가능한세계', '과학의 역사와문화', '기후변화와 환경생태', '융합과학탐구' 등 9개 과목은 절대평가 등급만 기입한다.

논란이 됐던 "심화수학(미적분Ⅱ, 기하)" 은 도입하지 않는다. 따라서 이과생이 주로 응시하는 기하와미적분Ⅱ가 수능에서 빠지면서, 수능 수학시험은 문과 수준으로 치러질 전망이다.

수능 '심화수학' 신설안에 대하여 반대하는 입장에서는 미적분과 기하를 수능으로 치르지 않고 공과계열에 입학하는 학생들의 학업 역량을 확보할 수 없다는 점과 심화수학을 신설하게 되면 학생들의 학업부담이 커지고 결국 다시 문이과의 경계가 생길 수 밖에 없다는 문제점을 지적했다. 그리고 탐구와 관련해서는 대학에 입학하기 3년 전인 고등학교 1학년 때의 공통과목 성적으로 학생의 대학수학능력을 측정한다는 것은 무리가 있다는 지적도 있었다. 이러한 논란 속에서 당시 대통령 소속 행정위원회인 '국가교육위원회'에서는 교육부의 수능 개편안 확정 발표 5일 전인 2023년 10월 22일 '2028학년도 대입개편 권고안'에서 "공정하고 단순한 수능을 지향하는 통합형 수능의 취지와 학생의 학습 부담을 고려하고, 수능에서 심화수학 과목을 신설하지 않더라도 학생들은 심화수학 영역에 해당하는 교과목을 학교에서 학습할 수 있고 대학은 그 평가 결과를 확인할 수 있으므로, 수능에서 심화수학 과목을 신설하지 않는다"는 내용을 의결했으며, 2023년 10월 27일에 교육부는 이러한 권고를 그대로 받아들여 2028학년도 대입수능에서 심화수학을 제외한 형태로 확정하였다.

국어, 수학, 사회·과학탐구, 직업탐구 영역의 선택과목은 폐지되고 동일한 기준과 내용으로 평가한다. 특히 사회·과학탐구 영역은 '통합사회'와 '통합과학'으로 단순화 된다. 직업탐구도 선택과목 없이 공통과목(성공적인 직업생활)으로만 출제된다. 결국 선택과목 없이 모든 수험생이 동일한 문제를 풀게 되는 것이다. 이렇게 한 이유에 대해 교육부는 "사교육 의존도를 낮추고 학생들의 학업 부담을 덜어주기 위해서" 이같은 개편안을 마련했다고 밝혔다. 하지만 시험범위가 줄어든 만큼 변별력을 높이기 위해서 시험의 난이도가 상향될 것이라는 관측이 나오고 있다. 이에 대해서 수능 절대평가 확대를 요구했던 시민단체들을 중심으로 확정된 대입제도 개편안에 대한 비판 움직임이 나타나고 있다.

먼저 가톨릭대학교 성기선 교수의 글(2023)을 통해 비판의 내용을 살펴본다.

「고교학점제, 공교육 정상화, 다양한 미래핵심역량 강화, 사교육 경감, 선발의 공정성, 교육격차 해소 등 다양한 준거들을 만족시키는 입시제도는 불가능하지만, 적어도 이러한 고민들을 반영하려는 노력이 있었는지 먼저 질문을 던지고 싶다. 한마디로 말하면 대학입시에서 국·영·수 중심의 5지선다형 수능점수가 차지하는 비중을 더욱 강화함으로써 현재까지 문제시되고 있는 문제풀이식 교육에서 한 발자국도 앞으로 나아가지 못하도록 하고 있다. 더 심하게는 과거로의 퇴행을 보여주는 시안이라고 평가할 수 있다. 이로 인해 공교육의 파행은 더욱 심화될 것이며, 내신 무력화로 인해 국제고, 특목고, 자사고와 같은 특수유형의 고등학교가 상대적으로 유리해 짐으로써 사회경제적 불평등과 이로 인한 교육양극화를 더욱 부채질할 것으로 생각된다. 이 시안이 야기하고 있는 문제점을 몇 가지 구분해서 정리해 보기로 한다.

우선 이번에 발표된 수능시험 개편안은 2022 개정 교육과정, 2025년 실시될 고교학점제와 친화력이 전혀 없다. 2022 개정 교육과정에서 밝히고 있는 고등학교 교육과정의 목표는 '공통 소양을 위한 공통과목 유지 및 다양한 탐구융합중심의 선택과목을 실질적으로 선택할 수 있도록 선택과목을 재구조화하는 것'이다. 이를 위해서 1학년은 공통과목, 2-3학년은 탐구 융합중심 선택과목으로 구성하였다. 그런데 발표된 수능개편안은 1학년의 통합사회와 통합과학을 수능과목으로 선정하고, 2-3학년의 사회, 과학 선택과목들을 시험범위에서 완전히 배제하고 있다. 이러한 수능개편안으로 인해 고2~고3의 사회와 과학의 탐구 융합중심 과목들은 교육과정 개정의 취지와는 달리 학교현장에서는 학생들의 관심도가 떨어지고 제대로 수업이 이루어지지 않는 주변 과목의 위치에 놓이게 될 것이다. 결국 수능시험 개편안이 교육과정을 잘 운영하는 데 기여하는 것이 아니라 2022 개정 교육과정과 고교학점제를 전면적으로 무력화 시키고 있다. 진로와 적성에 맞춰서 고등학교 2, 3학년 때 다양한 선택과목을 개설하려는 취지의 고교학점제는 출발도 하지 못하고 좌초할 것이 분명하다. 그럴 뿐만 아니라 고2~3학년의 선택과목 수업시간에는 학생들의 집중도가 떨어질 수 밖에 없으며 잠자는 교실이 더 심화될 것이 명약관화하다.

둘째, 학생들의 학습량이 더 많아질 수 밖에 없다. 국어, 수학, 사회, 과학의 선택과목이 없어지고 통합형으로 간다는 의미는 선택과목이 모두 통합된다는 의미이다. 이를테면 사회탐구와 과학탐구 과목 중 2과목만 선택하면 되던 것이 이제는 모든 과목이 통합된 방식으로 출제되게 된다면 학습량이 증가할 수 밖에 없다. 통합사회, 통합과학을 모든 학생이 준비해야 한다면 기존의 학력고사 시절과 다를 바 없게 된다. 문과생들이 과학을 의무적으로 이수해야 한다면 사교육에 의존하는 경향이 더욱 심화될 수 있다. (또한 수학의 경우 심화수학이 추가된다면 사실 학습량은 현재보다 심각할 정도로 증가될 수 밖에 없다. 심화수학이 첨단인재 양성을 목적으로 한다고 하지만 실은 상위권 대학 입학을 위한 변별이 주된 목적이 될 것이다. 적어도 상위권 대학들은 심화수학을 반영하지 않을 수 없으며, 그렇게 된다면 수험생 입장에서는 선택이 아닌 필수과목이 될 수 밖에 없다.; 괄호를 친 비판내용은 확정안에서 심화수학이 제외되었으므로 유효하지 않은 비판이라는 점을 참고하기 바람)

셋째, 내신평가의 변화는 고등학교 평준화 체제를 근본부터 흔들게 될 것이다. 고교다양화로 인해 우후죽순으로 등장한 특목고(외고), 자사고를 지난 정부에서 2025학년도부터 일반고로 전환한다고 발표한 바 있다. 그것은 고등학교 교육이 서열화, 차별화, 귀족화 되었다는 비판을 고려한 것일 뿐 아니라 고등학교 무상교육 실현, 고교학점제 정착 등을 위한 조치였다. 그러나 이 정부가 들어서서 이러한 일반고 전환 방침을 철회하고 오히려 고교 차별화를 더욱 강화하고 있다. 이번 내신 5등급 절대평가/상대평가 병행은 그러한 고등학교 간 차별화를 더욱 강화시킬 소지를 안고 있다. 수능 9등급 상대평가는 그대로 두고 내신만을 5등급 절대평가/상대평가로 할 경우 기존 내신과 비교하여도 변별력이 현저히 저하된다. 이렇게 된다면 대학 입장에서는 내신 반영 비중을 감소시킬 수 밖에 없다. 결국 수능 중심의 정시 선발 비율을 높이려 할 것이며, 수시의 경우에는 수능 최저 등급을 강화할 수 밖에 없을 것이다. 아마도 학생부교과전형은 거의 사라질 가능성이 높다.

넷째, 객관식 5지선다형 수능체제의 유지는 미래핵심역량 평가의 방향을 제대로 반영하지 못한다. 지금까지 시행하고 있는 5지선다형 중심의 수능이 구시대적 평가체제라는 점을 '아날로그 시대의 9등급제, 5지선다형평가는 사교육 반복학습을 유발해 창의력, 문제해결력 중심의 수업혁신에 역행'한다고 규정하고 있지만 이 문제의식이 시안에 반영되지는 않고 있다. 사교육에 의존하는 반복학습, 5지선다형 시험의 한계와 문제점은 수능시험 개편론 또는 수능시험 폐지론의 주요 이유가 되었는데, 오히려 개편 시안에는 이러한 문제를 더 강화시킬 위험성을 안고 있다면 그것은 개선이 아닌 개악이라 평가할 수 있다. 수능 개편안에서는 선진 외국에서 시행하고 있는 서·논술식 평가에 대한 검토와 이를 반영하려는 흔적은 찾아볼 수 없다. AI, ChatGPT가 지배하는 시대에 5지선다형으로 학생들을 훈련시키는 한국교육의 모순을 어떻게 해소해 나갈 것인가?

이번 개편 시안이 갖는 특징과 문제점을 키워드로 정리해 본다면, '내신 5등급제-수능 9등급제'로 대학입시, 선택과목을 배제한 공통과목 중심 출제, 5지선다형 객관식 시험 유지, 내신 영향력 약화, 고교서열화 강화, 고교학점제 무력화, 계층간 학력격차 확대, 공교육 붕괴 등이 될 것이다. 결국 이번 교육부의 입시제도 개편안은 정치권에서 '공정수능'이라는 시각에서 개입하면서부터 그 향방이 결정되었다고 보아야 한다. 시안 자체에서도 문제의식과 해법이 불일치와 모순이 내재되어 있으며, 개선이 아닌 개악의 내용이며 시간에 쫓겨서 급하게 발표했다는 생각을 지울 수가 없는 내용이다. 미래사회를 준비하거나 공교육의 나아가야 할 방향을 제시하려는 시도는 찾아보기 힘들다. 오히려 교육과정의 변화, 고교학점제 도입과 친화력이 전혀 없는 입시제도를 제시하고 있다는 점에서 문제의 심각성이 있다.(원문 출처: 성기선, 2028 대입제도 시안, 무엇이 문제인가?, 교육언론 창 2023.10.10.자 기사글」

2028 대입제도 개편안과 관련하여 또다른 비판적인 입장을 살펴본다.

「교육부는 2023년 12월 27일「2028학년도 대학입시제도 개편 확정안」을 발표하였다. 대입제도 개편 시안(2023.10.10.)에 대한 의견수렴과 국가교육위원회의 의결을 거쳐 수정된 최종안이다. 대입제도의 중요한 가치로 공정과 안정을 제시하면서 2022 개정 교육과정에 따라 고교학점제에 부합하는 고교 내신 체계 및 수능시험을 개선하는 방안을 담았다.

대학 수학능력시험의 경우 선택과목 유불리 해소 등을 위해 통합형·융합형 수능 과목 체계를 도입하여 수능 대상 과목은 일반 선택과목을 주 대상으로 하되, 사회탐구와 과학탐구 영역에서 통합사회와 통합과학을 수능 대상 과목으로 하였다. 이러한 수능과 내신 체계는 고교 교육과정에 절대적인 영향을 미친다. 새로운 대학수학능력시험은 고등학교 교육과정 운영에 어떤 영향을 미칠까?

첫째, 국어, 수학, 영어 과목의 경우 일반선택과목의 범위 내에서 수능과목이 결정된 것은 2022 개정 교육과정의 취지에 부합한다. 수학에서 '미적분Ⅱ'나 '기하'는 수능 과목에서 제외되었다. 대학에서의 수학 능력 여부를 판단하는 시험의 특성과 고등학교에서의 수업이 과도한 문제풀이식 수업을 방지하기 위한 수능 대상 과목을 슬림화한 것을 반영하였다고 본다. 진로 선택과목이나 융합 선택과목에서 다양한 탐구활동, 지식을 삶의 문제에 활용해보는 경험 등 역량 함양이 가능한 수업 활동을 할 수 있는 계기가 될 것으로 기대된다. 다만, 2022 개정 교육과정에서 국어 교과 일반선택과목의 과목별 내용이 증가된 것은 학생 부담이 증가할 것으로 우려된다.

둘째, 탐구 영역에서의 통합형 수능은 대학 입학시험의 공정성 보장과 수학능력 특정에 적합한가의 문제이다. 기존 선택과목 체계의 수능 방식은 과목별 난이도 등에 따른 표준점수 차이와 등급에 유리한 특정 과목으로의 쏠림 현상으로 공정성을 저해한다는 비판이 있었다. 이번에 일반 선택과목이 모두 빠지고 통합사회와 통합과학만을 남긴 이유이기도 하다. 하지만 통합형 수능의 경우 모든 학생이 사회와 과학 과목을 필수로 응시해야 하는데, 변별력 확보는 어렵고 학습 부담은 커질 우려가 크다. 교과 지식 위주인 평가인 수능의 성격상 사회·과학 전반에 걸친 논리적 사고역량을 키우는 통합사회와 통합과학 과목을 수능 과목으로 하는 것은 교육과정의 취지나 내용과 일치하지 않는다. 핵심 개념 중심으로 통합적 사고력을 함양하기 위해 설계된 통합과목은 선다형 문항으로는 평가에 한계가 있다. 과목 본래의 취지를 구현하고 전공에 따른 기초 지식과 사고력을 함양할 수 있도록 논·서술형 시험을 도입하는 방안 등의 검토가 필요하다.

셋째, 영어, 한국사의 절대평가는 바람직한 방식이지만, 2024년 6월 한국교육과정평가원의 모의고사와 같이 1등급이 2% 미만으로 나오는 문항 구성은 매우 부적절하다. 절대평가는 준거지향평가이므로 번별력을 우선으로 생각하는 평가가 되면 평가의 신뢰성 뿐 아니라 안정성과 예측가능성을 해치게 되어 학생들에게 많은 혼란을 줄 수 있다(원문 출처: 『이광호 외 교육트렌드2025집필진, '대한민국 교육트렌드 2025'(2024), 서울:에듀니티.』에 실린 이상수, 2025년 고교학점제 전면 도입, 무엇이 달라지는가? 중에서 275-277쪽).」

2028 대입제도 개편안에 대한 몇몇 비판적 논의들에 의하면, 이 개편안은 2022 개정 국가교육과정 및 고교학점제와 조화롭지 못하다는 평가를 할 수 있다. 따라서 교육부는 이러한 비판에 귀기울이고, 보다 나은 대안을 마련하여 제시함으로써 현장의 교사와 학생들이 겪을 혼란과 갈등을 최소화하려고 노력해야 할 것이다.

3 고교학점제의 성공적 운영을 위한 제언

확정된 2028 수능 개편안에 따라 수능시험을 보게 되는 것은 2025년에 고등학교 1학년이 되는 학생들이다. 그리고 2025년에 고교에 입학하여 1학년이 되는 이 학생들은 1학년때부터 2022 개정 교육과정의 적용을 받으며, 2025년부터 전면 적용되는 '고교학점제'에 따른 학사 제도를 따르게 된다. 2022 개정 고등학교 교육과정은 2015 개정 교육과정과 선택 과목의 체제가 다르다. 2015 개정 교육과정에서는 고등학교 선택 과목이 일반 선택 과목과 진로 선택 과목으로 구분이 되었었는데, 2022 개정 교육과정에서는 고등학교 선택 과목에 '융합 선택 과목'이 추가로 신설되어, 고교 선택 과목은 '일반 선택', '진로 선택', '융합 선택'으로 구분된다. 각 과목군의 성격을 구분하자면, '일반선택 과목'은 교과별 학문 영역 내의 주요 학습 내용 이해 및 탐구를 위한 과목이고, '진로 선택 과목'은 교과별 심화 학습 및 진로 관련 과목이며, '융합 선택 과목'은 교과 내 및 교과 간 주제 융합 과목, 실생활 체험 및 응용을 위한 과목의 성격을 지닌 것으로 규정되었다. 전체적으로 볼 때, 2022 개정 고등학교 교육과정은 이전보다 일반 선택 과목 수를 줄이고, 학생들의 진로와 적성을 고려한 좀 더 다양한 실생활에 관련되고 융합적인 과목들을 진로 선택 과목과 융합 선택 과목을 통해 제공하려는 특징을 보이고 있다. 그리고 이러한 특징은 고교학점제 도입 취지에 부합하고자 하는 방향이라고 볼 수 있다.

2022 개정 고등학교 교육과정에서는 2015 개정 교육과정보다 선택 과목 수가 대폭 늘어나 19개나 늘어나 일반선택 과목 17, 진로선택 과목 30, 융합선택 과목 18로 모두 합하면 65개의 선택 교과목이 있다. 국어, 수학, 영어, 사회, 과학 5개 교과의 선택과목을 모두 합하면 65개 교과목이나 된다. 그러므로 수능을 치르고 대학을 가야하는 고등학생의 입장에서는 각자 자신의 진로, 전공, 과목에 대한 이해가 매우 중요하게 되었고, 자신의 진로와 적성에 맞게 선택 교과목을 이수하여 졸업에 필요한 학점을 취득해야 하는 것이 과제가 된다.

고교학점제를 도입한 것은 산업사회 인재 양성의 관점에서 벗어나 지능정보사회 도래 및 학령인구 감소 등 불확실한 미래에 대응할 수 있는 교육 패러다임의 일대 혁신을 위한 것이었다(이상수, 2024; 271쪽). 따라서 고교학점제는 고교 체제 개편을 통한 차별 없는 교육, 학생 맞춤형 교육과정과 이에 부응하는 대입 개편안의 도입을 패키지로 하여 마련된 정책이다. 이를 위해 교육부는 2021년에 학점 기반 교육과정 및 성취평가제 도입, 지역 및 학교 간 격차 해소, 고교 체제 개편을 통해 고교서열화를 해소하고, 고교학점제와 미래 교육에 부합하는 2022 개정 교육과정 총론 주요사항을 마련하였다(2022 개정 교육과정 총론 주요사항 발표, 교육부, 보도자료, 2021.11.24.).

현(윤석열) 정부에서도 고교학점제를 차질 없이 추진할 것이라고 밝히고 2022 개정 교육과정을 확정·고시(2022.12.22.)하면서 그에 따른 2028학년도 대입제도 개편안을 발표(2023.12.28.)하였다. 하지만 세부 시행을 앞두고 일부 정책 방향이 달라지고 있다. 교육부는 「초·중등교육법 시행령」개정(2024.1.23. 공포, 2024.2.1. 시행)을 통해 자사고·외고·국제고 및 자율형 사립고의 설립 운영 근거를 다시 마련하였다. 또한 지역별 다양한 상황·특성·요구 등을 바탕으로 자율형 공립고를 운영한다고 밝혔다(지역과 함께하는 교육혁신, 자율형 공립고 2.0 2차 공모에 45개 선정, 교육부 보도자료, 2024.7.23.). 한편 국가교육위원회는 2022 개정 교육과정 총론(교육부 고시 제2022-33호) 일부 개정을 통해 '외국어·국제계열의 고등학교' 및 '자율고등학교'의 교육과정 운영 특례 등을 마련하였다. 고등학교 교육의 틀을 수직적 다양화에서 수평적 다양화로 전환하여 모든 고등학교에서 모든 학생이 적성과 진로에 맞는 교육을 가능하도록 한 통합적 고교 교육 혁신의 전제가 달라진 것이다(이상수, 2024; 272쪽).

고교학점제에서 학생이 과목을 선택하여 이수하고 학점을 취득하기 위해서는 다음과 같은 요건을 충족해야 한다. 그것은 과목출석률(수업 횟수의 2/3 이상)과 학업성취율(40% 이상)을 충족해야 하며, 3년간 최소 192학점을 이수해야 한다는 것이다. 이에 따라 각 고등학교에서는 교과목별로 과목 이수 기준 및 최소 성취수준을 정하고 학업성취율을 확인한 후 A~E의 평가를 하고 E 수준에서 미이수를 판별해야 한다.

교육부가 2023년 6월에 발표한 「공교육 경쟁력 제고 방안(2023.6.21.)」에서는 공통과목의 9등급 병기를 채택하였다. 이 방안의 주요 골자는 학력미달이 크게 증가하고 있으므로 기초학력을 증진하고 학생의 교육선택 기회를 확대하여 공교육을 정상화 하겠다는 것이다. 공교육 경쟁력 제고 방안의 주요 내용은 다음과 같다.

- 고입 – 자사고, 외고, 국제고 존치
- 고교학점제가 본격 실시되는 2025년부터 고등학교 1학년 공통과목(국, 수, 영, 사, 과는 상대평가), 한국사, 과학탐구실험은 절대평가, 2-3학년 선택과목 절대평가 실시
- 논서술형 평가 강화
- 기초학력 기본인성 책임교육 추진
- 디지털 기반 교실수업 혁신(AI 디지털 교과서, 디지털 선도학교, 디지털 보조교사)
- 교실수업혁신(학생 참여형수업, 교원의 수업·평가역량 강화, 질문하는 학교 육성)
- 학생의 다양한 교육 선택 기회 확대(고교학점제 안착 지원, 학교교육 다양성 확대)
- 교사가 수업에 전념하는 환경 조성(역량 강화 및 환경 조성)

상기한 공교육 경쟁력 제고 방안에서 공통과목의 9등급 병기를 채택한 이유는 절대평가에 따른 최소한의 내신 변별력 문제와 이에 따른 공정성 논란 우려를 보완하기 위한 조치였다. 공통과목의 경우 선택 과목 학습을 위한 기본적인 학업 역량을 다지는 성격이 강하고, 모든 학생이 이수하는 공통과목은 등급제 적용에 따른 선택의 유불리가 없어서 과목 선택의 쏠림 현상을 가져오지 않는다는 점도 고려하였다.

고교학점제의 취지를 고려한다면 성취평가제의 도입은 필수적인 전제조건이다. 그럼에도 2028학년도 수능 개편안에서는 학생수 감소와 지나친 내신 경쟁 해소를 명분으로 내세우면서 대부분의 과목에서 절대평가와 5등급 상대평가를 병기하는 안을 채택한 것이다. 물론 고교학점제 도입 시 고려한 고등학교 1학년 9등급 상대평가와 선택과목 전면 5단계 절대평가는 고등학교 1학년 시기에 지나친 내신 경쟁을 유발하고, 고2와 고3에서 성적 부풀리기를 발생시킬 수 있다는 우려가 제기되기도 했다. 그럼에도 불구하고, 2028학년도 내신 성적 체계는 몇 가지 문제가 있다.

기존 9등급 상대평가에서 5등급 상대평가로의 전환은 내신 경쟁을 어느 정도 완화하는 효과를 가져올 수도 있을 것이다. 하지만, 또 다른 문제가 발생할 수 있다. 가령, 내신 5등급제가 되면 1등급(A)을 받을 수 있는 학생 수가 2배 이상 증가하므로(기존 4%→10%) 변별력은 그만큼 낮아지게 된다. 다른 한편으로는 1등급과 2등급 간의 차이가 벌어져 1등급을 받기 위해 상위권 학생들 간의 경쟁은 더 치열해질 것이고, '최소한 2등급'을 확보해야 한다는 심리적인 압박도 클 것이다. 또한 상위등급을 받는 데 유리하다고 생각되는 선택과목으로의 쏠림 현상이 나타날 가능성이 크다. 이러한 현상은 고교학점제의 취지와 전혀 부합하지 않는다.

한편으로는, 이러한 내신 성적 산출 방식의 적용으로 대입 수시 전형에서 대학이 변별력을 확보했다고 판단할 지는 불확실하다. 상위권 대학들은 내신 성적의 변별력이 낮다는 이유로 내신 점수에 원점수, 과목 평균, 수강자수, 성취도, 성취도별 분포 비율 적용 등 내신 산출 방식의 다양화를 통해서 변별력을 높이려고 시도할 것이다. 그 외에도 수능 최저학력기준이나 면접을 구술시험처럼 보는 방식을 도입하거나 해서 어쨌든 변별력을 높이려고 할 것이다. 그렇게 된다면 고교 3년간 입시 위주의 교육은 계속될 것이고, 학생과 학부모는 여전히 입시에 대한 스트레스를 많이 받으면서 더 많이 투자를 할 수 밖에 없게 될 것이다. 이러한 여러 가지 예측들이 현실이 된다면, 2028 수능 개편안은 고등학교 교육을 정상화 하는 데서 멀어질 수 밖에 없을 것이다.

그렇다면, 고교학점제의 성공적인 운영을 위해서 갖춰져야 할 것은 무엇인가?

여기서는 송수연(2024)의 글에서 제안된 사항들을 토대로 필요한 점들을 정리해 보겠다.

「첫째, 고교학점제에서는 학생들의 과목 선택권을 확대하고자 하므로, 무엇보다도 학생들이 자신의 진로와 적성에 따라 자신에게 맞는 과목 선택 역량을 키워주는 것이 중요하다. 우리나라의 고등학교의 경우, 진로상담교사가 학교당 1명꼴로 배치되어 개별 학생을 전담하기 어렵고, 진로상담교사의 활용도 취지대로 이루어지지 않는 경우가 많다. 현재 진로 및 과목 선택 상담은 담임 교사의 몫으로만 국한되는 경향이 있는데, 담임교사에게 가해지는 부담도 과중하거니와 고1부터 대입까지 진로 트랙을 안정적으로 점검하기 어렵다. 학생 개인의 진로 및 학업 설계를 전담하는 '개별 학생 진로전문 코치팀'이 3년간 안정적으로 운영될 수 있도록 해야 한다. 한편 학생의 사회경제적 배경을 고려한 맞춤형 상담 프로그램의 운영도 중요하다. 저소득 가정일수록 사교육을 통해 얻는 정보가 부족하고, 학교에서 제공하는 상담 및 지도를 충분히 받을 수 없기 때문이다. 진로상담 전문가(팀)와 학생 간의 관계가 고교 3년간 연계되고 안정적으로 운영할 구체적인 방안 마련이 필요하다.

둘째, 진로 적합 과목을 선택할 수 있도록 지원하는 방안을 마련해야 한다. 학생들에게 과목 선택 정보를 충분히 제공하는 것도 중요하다. 이를 위해 교육부 혹은 교육청이 주도하여 관련 시스템을 마련해야 한다. 과목 선택에 대한 정보에 쉽게 접근할 수 있도록 온라인 플랫폼을 활용한 시스템 구축도 필요하다. 학교는 '과목선택 박람회'등을 개최하여 학생에게 해당 교과교사와 직접 상담할 수 있는 기회를 제공해야 한다. 또한 특정한 과목이 마치 진학과 학업에 필수 코스인 것마냥 여기는 사회적 분위기도 경계할 필요가 있다. 이러한 편견은 학생들이 흥미와 적성에 적합한 과목을 선택하는 것을 방해하고, 유연한 사고를 가진 인재로 성장하는 데 큰 걸림돌이 된다. 다양한 진로에 필요한 역량들은 특정 과목에만 국한되지 않는다. 융합적 사고를 통해 새로운 가치를 창출하는 능력은 다양한 과목들을 경험하면서 얻을 수 있다.

셋째, 학생 평가에 대한 인식의 실제적 개선이 필요하다. 내신 경쟁을 완화하기 위한 평가 체제에 대해 지속적으로 논의할 필요가 있다. 2028 수능 개편안 발표로 인해 전 과목에 일관되게 5등급 절대평가(A~E)와 상대평가(1~5등급) 결과가 병기되는 평가 체제가 도입된다. 체육· 예술, 교양 교과(군), 과학탐구실험 과목 및 사회·과학 교과의 융합선택과목은 상대평가 석차등급을 기재하지 않고 절대평가

성취도만 기재한다. 내신 경쟁에 의해 과목 선택이 왜곡되는 것을 방지하려면 등급이나 서열보다는 학생의 성취 자체에 집중하는 분위기를 형성하는 것이 중요하다. 또한 학생 개개인의 학습 과정과 성장을 고려한 교사별 평가 결과를 중시해야 한다. 평가 방식에서도 프로젝트와 과제 기반 평가처럼 창의성과 문제해결 능력 등을 반영하는 평가 비중을 높여야 한다. 학생들이 비교를 통해 자신의 상대적 위치를 이해하기보다는 스스로의 성취도를 명확하게 인식하고 개선 방안을 찾아나갈 수 있도록 해야 한다. 이를 위해 여러 평가 방식을 경험하게 하고 다각도의 피드백을 제공할 수 있어야 한다. 교사의 평가 전문성을 강화하는 것도 중요하다. 교육청 차원에서 관련 연수와 전문성 개발 기회를 지속적으로 제공하고, 실제적이고도 유의미한 피드백과 일관성 있는 평가가 이루어질 수 있도록 도와야 한다.

넷째, 상대평가 체제가 '평가의 공정성'이라는 미명하에 고등학교 전 교육과정을 옭아매는 현상 자체는 몇 번이고 재고해야 한다. 고등학생들의 평가 체제에 관한 인식 조사결과에 따르면, 서열화된 등급이 매겨지는 상대평가는 성적을 막론하고 모든 학생에게 심리적으로 부정적인 경험을 남긴다. 내신등급이 자신을 규정하는 데에 늘 불안감을 느끼며 부족한 자신을 자책하게 되고 결과적으로 학교교육에 실망하게 되는 것이다.

다섯째, 학생들이 진정한 학습 성취를 이루고 삶을 긍정적으로 설계할 수 있도록 고교학점제를 지원하고자 했다면 전과목 성취평가제로 운영되어야 한다. 교육부의 발표대로 '성적 부풀리기'라는 부작용 완화를 위해 어쩔 수 없이 상대평가 등급이 병기되어야 했다면, 학생이 직접 선택하지 않은 공통과목에만 상대평가를 적용하고, 선택과목은 성취평가를 적용하는 본래의 안을 유지하는 것이 더 나았다. 공정한 내신 성적 때문에 학생의 실질적인 과목 선택을 방해하는 것은 온

당한가? 우리는 학생을 왜 평가하는가? 학생의 성취도를 확인하고 성장하게 하려는 데 있는가? 아니면 '정확한 숫자'를 매겨 학생의 수준을 가늠하려는 것인가?

여섯째, 다양한 선택과목 운영에 필요한 자원부터 동등하게 지원해야 한다. 교육부와 교육청은 지방 학교부터 우선적으로 예산을 투입하여 교육시설을 개선하고 최신 교육장비와 자료를 제공함으로써 학생들이 다양한 경험을 쌓을 수 있도록 해야 한다. 이 과정에서 분배기준을 명확히 하고, 지속적으로 모니터링 할 필요가 있다. 또한 지역 특성상 발령 교사 수가 적고 강사를 구하는 데도 제약이 있는 학교의 경우, 교육청에서 인력풀을 구축하여 적극적으로 지원해야 한다. 또한 교육청은 정기적인 강사 연구를 통해 강사들의 교육 역량을 강화하고 강사의 질을 관리하는 역할도 담당해야 한다. 교육 자원을 균형 있게 배분하고, 교육청 차원에서 양질의 강사를 적극적으로 지원해 준다면, 학교 간 차이를 크게 줄일 수 있을 것이다.

일곱째, 학생 맞춤형 교육 프로그램을 제공해야 한다. 교육 기회와 학업성취도에서 가정 배경에 따른 차이가 발생하는 것은 교육의 가치를 훼손하는 보다 본질적이고 중요한 문제이다. 이를 해결하기 위해 교육과정 편성부터 공정하게 요구를 반영하는 시스템을 구축해야 한다. 예를 들어 다양한 배경을 가진 학생, 학부모, 교사, 외부 전문가 등으로 위원회를 구성하고 이들의 요구를 균형 있게 반영하는 것이다. 무엇보다 중요한 것은 맞춤형 교육 프로그램이다. 가정 형편이 어렵거나 학업 의지가 높지 않은 학생들을 대상으로 맞춤형 학습 프로그램을 제공해야 한다. 방과 후 프로그램, 주말학교, 온라인 학습지원 등 다양한 프로그램을 통해 학생 간 학습 격차를 해소할 수 있도록 돕는 것이다. 대학생, 지역사회의 전문가 등을 멘토로 활용하여 학생들이 진로와 학업 목표를 설정하고 그에 도달할 수 있도록 지도와 격려를 제공할 수도 있다.

여덟째, 무엇보다 다교과 지도를 감안하여 교사의 수업 시수를 현실화하는 방안이 필요하다. 양질의 수업을 준비하기 위한 노력도 수업 시수로 인정해야 한다. 다양한 교수법 활용과 비전공 과목에 대한 부담, 학생들에게 '선택' 받기 위한 불가피한 경쟁 등 교사 전문성 밖의 노력과 희생도 인정되어야 한다. 이를 개선하기 위해 한 교사가 여러 과목을 지도할 경우, 주당 최대 수업 시수를 10~12시간으로 줄이고, 나머지 시간을 수업 준비와 교과 연구에 사용할 수 있도록 지원해야 한다.

아홉째, 교사의 교과 전문성을 인정하고 자율성을 보장해야 한다. 교사가 지닌 교과 전문성을 인정하고 이를 발휘할 수 있는 환경을 제공해야 한다. 현재 교육부는 교사가 신장해야 할 역량 중 '다교과 역량'을 고교학점제 성공의 전제조건으로 내세우고 있다. 그러면서 이를 위한 방안으로 학기 중에 단 몇십 시간의 형식적인 연수를 제안한다. 이는 4년간의 고등교육 기간과 학교 현장에서 지속적으로 함양되는 교과 교육의 전문성을 경시하는 태도이다. 교사의 다교과 역량이 학생에게 양질의 교육을 제공할 수 있다는 근거 역시 불충분하다. 이와 관련하여 미국 캘리포니아주 어느 학교의 학점제 기반 교육과정이 참고할 만하다. 이 학교는 영어 교과군의 공통 이수 학점을 40학점으로 설정했다. 영어 교과군 내 과목은 담당교사들이 교과서와 교재를 참조하여 개발·개설한다. 학생들은 교과군 내 개설된 과목들을 직접 선택하여 다양한 경로로 40학점을 이수하게 된다. 이처럼 학교나 교사 수준에서 자유롭게 과목을 개발하고 제공하게 된다면 교육과정을 보다 더 유연하게 운영할 수 있을 것이다.(송수연, 고교학점제는 개혁의 시작이 될 수 있을까?, 미래교육집필팀(2024), 2025 대한민국 미래교육 트렌드 중에서 84-96쪽, 서울:뜨인돌)」

이상의 제언들을 적절하게 고려하고 충실하게 반영한다면, 고교학점제가 성공적으로 운영되는 데 크게 기여할 것으로 기대된다.

제 8 장

교육평가의 과제와 미래 전망

1. 교육평가의 문제
2. 교육평가의 과제

교육평가의 탐구 ❷
교육평가의 확장

제8장
교육평가의 과제와 미래 전망

이 장은 이 책의 마지막 장으로, 교육평가의 과제와 미래 전망에 대해 논하고자 한다. 현재 한국의 학교교육에서 교육평가와 관련하여 어떤 과제가 있는지, 또 그러한 과제와 관련하여 앞으로의 미래가 어떻게 전개될 것인지 전망해 보고자 한다. 이를 통해 교육평가 분야가 더 발전하고 학교교육의 개선에 이바지할 수 있기를 바란다.

1 교육평가의 문제

먼저, 김성훈 외(2010)의 책에서 제시된 학생평가의 문제점을 중심으로 교육평가의 과제를 살펴본다(김성훈 외, 2010; 489-494쪽).

1) 학생평가의 문제점

(1) 서열정보 중심 평가와 수업의 비통합성

학교교육 상황에서 학업성취도평가 결과들은 지필평가이든 수행평가이든 점수화되고 석차(등급)와 같은 서열정보로 가공되어 기록된다.

그 기록은 사회적인 경쟁을 위한 근거자료가 된다. 사회적 경쟁을 위해서는 평가의 공정성을 확보하는 것이 중요하며 사회적 경쟁의 공정성을 중시할수록 평가의 객관성이 중시된다. 그러므로 지필시험을 위해서는 한 교과를 가르치는 여러 교과가 공동으로 출제하며 객관적인 채점이 가능하도록 한다. 그리고 수행평가의 경우도 가능한 한 객관적인 채점이 가능하도록 과제를 통일하거나 채점 기준을 구체화한다.

객관성 확보가 일차적인 가치로 작용하는 교육평가의 타당도는 어느 정도로 보장될 수 있는가? 객관식 지필평가로는 창의력이나 종합적인 문제해결능력과 같은 복잡한 고등정신능력을 측정하기 힘들다. 한편, 주관식 평가라고 할 수 있는 수행평가는 교육적으로 중요시되는 고등정신능력을 충분히 타당하게 평가하는가? 수행평가의 중요한 역할은 고등정신기능과 그 학습과정을 사정하는 것이다. 그러나 학생의 진정한 수행이라기보다는 상품화된 자료를 이용한 수행이 횡행하는 곳에서는 수행평가로서 창의성이나 문제해결력을 측정하기는 어렵다. 또한 남이 대신 하거나 타인의 도움을 과도하게 받은 수행 결과를 평가하게 된다면 수행평가의 필요성이 의문시된다(김성훈, 2001). 결국 지필평가이든 수행평가이든 중요한 교육목표의 달성을 확인하기 위한 평가로서 타당성이 전제될 수 있어야 한다.

객관적인 평가는 어느 정도로 교육의 본질적인 정보를 추출하여 어느 정도로 수업과 통합되는가? 지필시험이든 수행평가이든 이들이 결국 총점으로 묶이며 서열정보로 가공된다. 성취도평가 점수는 어떤 능력의 연속선상 위치를 나타낸다. 그렇다면 능력 수준을 나타내는 점수정보를 가지고 학생 개인에 적합한 수업 및 학습지도 계획을 세울 수 있을까? 교수 및 학습은 학생의 내면 상태를 변화시키기 위한 노력들로서 교육의 본질적 활동이라고 할 수 있다. 연속선상의 위치

정보로는 능력의 수준을 가늠할 수 있지만, 학생의 내면상태를 구체적으로 이해할 수는 없다. 그럼에도 불구하고 교육평가가 교육의 본질적 활동에 직접 도움이 되는 정보를 제공하는가? 이러한 질문에 긍정적으로 답을 하지 못하는 가운데 교육평가는 수업과 통합될 수 있으며 교육의 본질적인 활동을 한다고 말할 수 있는가?

교사는 학생을 이해하기 위하여 진단하고 그에 근거하여 지도하는 것을 교육의 본질적 활동으로 한다고 할 수 있다. 그런데 학생의 성취도 점수만을 가지고 학생의 내적 상태를 이해하고 그의 지도를 위한 계획을 수립하고 진행할 수 있을 것인가? 이 질문에 답할 수 있기 위해서는 능력 수준 보다는 더 미시적인 내적 상태, 이를 테면 흥미, 동기, 적성, 자신감, 자존감 등등에 대해 이해하고 평가할 수 있어야 할 것이다. 즉, 평가와 수업이 통합되고 평가가 교육의 본질적인 활동에 도움을 줄 수 있는 정보를 산출하기 위해서는 학생의 인지 구조나 인지 과정을 이해할 수 있는 평가를 할 수 있어야 한다. 근래 활발하게 연구되고 있는 인지심리학적 측정은 그러한 문제를 해결하기 위한 노력들이다.

(2) 전인적 평가를 위한 정의적 영역의 평가 취약성

전인교육을 해야 한다고 하는 경우 대부분 인성이나 태도와 같은 정의적인 측면을 강조한다. 지구촌이 더욱 급변하고 경쟁적인 사회로 되어 가더라도 정의교육의 중요성은 여전히 높을 뿐만 아니라 더욱 강조되는 경향이 있다. 이렇듯, 정의교육은 지식교육에 못지않게 중요하지만 실제 교육적인 노력은 그에 상응하지 못해 왔다고 할 수 있다. 이는 교육의 결과, 정의적 성취의 객관적 평가가 어려움에도 기인한다. 학교교육에서 정의교육은 체계적인 접근을 하지 못하고 있으며 정의적 발달이나 성취에 대한 평가 또한 지적 성취나 평가에 비해서 비체계적이다. 이는 정의적 특성이 객관적으로 확인되기 어렵다는 데 기인한다. 그러나 정의적 발달을 가정이나 사회의 책임으로만 돌려 버릴 수는 없으며 학교가 상당한 정도까지 책임져야 할 것이라는 점에는 이의가 없을 것이다. 따라서 지금까지보다 더 타당한 정의적 영역 평가를 위해서 무엇을 어떻게 해야 할 것인지를 구안하는 것은 이론적으로나 실천적으로나 우리 사회의 중요한 과제이다.

(3) 교육의 내재적 가치에 대한 무관심

교육의 목적으로서 교과목표 달성 외에 평생 동안 가르치고 배우고자 하는 태도를 형성하는 것은 중요하지 않은가? 중요하다면, 교육의 결과로서 그 목표달성을 평가해야 하는 것은 당연하다. 그러나 학생평가에서 교과의 목표와 같은 교과의 가치를 평가하는 것 외에 교육활동 자체적 가치평가는 부재한 상태라고 할 수 있다. 교과성적에 근거한 학생의 석차나 등급을 부여하는 것은 교육의 효과를 확인하기 위해 필수적인 활동이고, 이후의 선발을 위한 정보 축적으로서의 의미가 크다. 그리고 평가의 교육활동 조형 기능을 전제할 때, 평가에서 중요하게 다루어진 만큼 그 교과의 가치가 부각된다고 할 수 있다. 그런데, 기존의 많은 평가활동은 가르치고 배우는 활동 그 자체의 가치, 즉 교육의 내재적 가치를 체험하게 하는 데 공헌하지 못했다고 할 수 있다.

교육의 내재적 가치란 교육활동 자체의 가치를 말한다(장상호, 2005). 수학교육을 예로 들면, 수학능력 향상은 수학교육의 내재적 가치이기는 하지만 교육 자체의 내재적 가치라기보다는 교육의 외재적 가치이다. 이 경우 교육의 내재적 가치는 수학교육과정을 소재로 하여 가르치고 배우는 과정 자체에서 경험할 수 있는 가치이다. 그러므로 교육의 내재적 가치는 모든 교과에 보편적으로 적용될 수 있는 가치이다. 교육의 내재적 가치에 대한 이론적 발달이 미진한 상황에서 교육의 본질적인 가치를 평가의 준거로 개념화 하기는 어려운 실정이지만, 그렇다고 그 중요성이 줄어드는 것은 아니다. 교과성취도 중심의 평가는 교과의 성취 향상에는 관심이 높지만 교육활동에 어떻게 참여할 것인가는 관심이 결여된 상태로 남아 있다.

(4) 학생의 종합적 이해와 진로지도 연계성 부족

한 학생이 고등학교를 졸업할 때까지는 다양한 평가의 대상이 된다. 학생들은 학교에서 이루어지는 주기적인 교과성취도평가, 지역교육청 단위의 평가, 전국적 평가(초등학교 3학년 진단평가, 국가수준 학업성취도평가, 전국적인 모의고사 등), 국제적인 학업성취평가(PISA, TIMSS) 등 다양한 성취도평가네 노출된다. 그 평가들은 지역이나 학교 차원의 교육과정 목표달성 정도를 확인하기도 하지만, 교육과정 목표달성도를 확인한다는 점에서 별로 다르지 않다.

다양한 평가정보가 우리나라 교육과정 목표달성 정도를 확인하는 것이라고 한다면, 그 정보는 교육과정을 중심으로 연계될 수 있다. 그리고 그러한 정보는 학생을 이해하고 지도하는 데 활용될 수 있는 귀중한 정보이다. 왜냐하면 그러한 정보는 각 학생의 초등학교 이후 고등학교 졸업 시까지 다양한 시점의 능력 수준을 나타내며, 개인의 장기적인 변화를 담고 있기 때문이다.

그러나 이러한 정보가 각각 별개로 활용될 수는 있어도 서로 밀접한 연계 아래에서 활용되지는 못하고 있다. 왜냐하면 각 평가정보가 수평적 및 수직적으로 비교되는 형태로 만들어져 있지 않기 때문이다. 달리 말하면, 각 평가는 서로 독립적으로 이루어졌으며, 그 결과를 연계하기 위한 별도의 연구나 정책이 이루어지지 않았다. 그러나 그러한 연구나 정책이 가까운 미래에 실질적으로 이루어질지는 미지수이다. 그러한 연구나 정책이 실천될 수 있기 위해서는 각 평가정보를 수합하고 관리할 수 있는 전문적인 지식과 기능을 갖춘 인력과 그러한 작업에 요구되는 연산을 위한 하드웨어 및 소프트웨어가 마련되어야 한다.

2 교육평가의 과제

1) 학생평가의 과제

(1) 종합적인 학생 이해를 가능하게 하는 평가 및 진로지도체제 마련

정보사회의 진전과 함께 유비쿼터스 교육환경이 확산됨에 따라 교육평가 또한 변모되어야 한다(김성훈 외, 2010; 499-502쪽). 이는 교육평가를 위한 콘텐츠 개발, 평가와 수업의 통합, 평가정보의 네트워크화, 개인의 종합적 이해를 위한 평가정보의 종합 등이 이루어져야 하는(성태제, 2006) 등 다양한 세부적인 과제 과제들로 다시 분화된다.

급변하는 사회 속에서 인간성 유지와 사회통합은 항시적으로 요구된다. 지적 발달 위주의 교육에서 한 걸음 더 나아가서 정의적인 발달을 위한 교육 또한 구체적이고 체계적인 프로그램으로 마련되어야 할 것이다. 이는 정의적 발달 평가가 가능함을 전제로 하는 만큼 정의적 영역 평가 방법을 위한 연구와 실천이 뒷받침되어야 한다.

결과평가와 함께 과정평가 또한 실천될 수 있도록 더욱 다양한 연구가 진행되어야 한다. 학생평가에서는 학생의 지적 및 정의적 특성의 변화가 사회적으로 합의된 절대적 기준에 의한 평가(준거참조평가)와 성장을 확인할 수 있는 방식의 평가(성장참조평가)가 실천되어야 한다.

(2) 교수·학습의 통합을 위한 평가체제 마련

교수·학습 활동에 직접적인 지침을 줄 수 있기 위해서는 인간의 내적 상태를 진단하고 이에 근거한 교수학습 활동이 체계화되어야 한다. 이를 위한 방법론으로서는 인지심리학적 측정에 의한 인지 구조의 진단이 그 실천가능성을 보여주고 있다(김성훈, 2005a).

(3) 유비쿼터스 평가체제 구축

종합적인 학생이해를 위한 평가체제와 교수·학습의 통합을 위한 평가체제는 각각 거시적 이해와 미시적 이해를 염두에 둔 과제이다. 그러나 이 둘은 전체적 하나로 통합될 수 있다. 유비쿼터스 사회에서는 각 개인들에게 맞추어진 평가와 교수·학습 지도가 요구될 것이며, 그러한 요구가 시공간의 벽을 넘어서 충족될 수 있으며, 모든 평가정보들이 네트워크로 이어질 수 있다. 그러므로 교육과정 목표, 평가문항, 다양한 전집에서 구한 규준 등으로 형성되는 메타콘텐츠와 진단-학습을 연계한 프로그램 개발 연구가 꾸준히 지속될 필요가 있다.

(4) 교육의 내재적 가치 평가를 위한 교육의 내재적 가치 개념화

교육의 내재적 가치를 평가할 수 있어야 한다. 교육평가의 교육활동 조형 기능을 전제하면, 교육의 내재적 가치를 평가할 때 교육활동이 생명력을 가질 수 있다. 학생이 체득해야 할 가치로서 교육의 내재적 가치가 명료하게 개념화되지는 못하고 있는 실정이다. 따라서 학생평가에서 교육의 내재적 가치를 명시적으로 포함하지 못하고 있다고 보아야 할 것이다. 그러나 학생이 자율적으로 가르치거나 배우는 활동에 참여할 수 있도록 하는 가치를 평가한다면, 교육의 내재적 가치가 학생들을 자율적으로 공부할 수 있게 할 것이다. 앞으로 교육의 내재적 가치를 평가할 수 있는 평가준거 및 지표 개발을 위한 연구가 추진되어야 한다.

참고문헌

강대일, 정창규(2018). 과정중심평가란 무엇인가. 서울:에듀니티.

강승호, 김명숙, 김정환, 남현우, 허숙(1999). 현대 교육평가의 이론과 실제. 서울: 양서원.

고영희, 윤지영, 이루다, 이성국, 이승미, 정연찬(2018). 평가의 재발견. 서울:맘에드림.

교육부(2015). 초·중등학교 교육과정 총론. 교육부고시 제2015-74호[별책1].

교육부(2019a). 중학교 교사별 과정중심평가 이렇게 하세요-역사. 교육부, 충청남도 교육청, 한국과학창의재단.

교육부(2021). 비대면 시대, 선생님이 알려주는 우리 아이 문해력 기르는 방법. 국민 서포터즈 작성 기사 (https://blog.naver.com/moeblog/222431474897).

교육부(2022). 초·중등학교 교육과정 총론.

교육부, 한국교육과정평가원(2017). 과정을 중시하는 수행평가 어떻게 할까요?, 한국교육과정평가원 연구보고 ORM 2017-19-2.

김누리(2024). 경쟁교육은 야만이다. 서울:해냄.

김덕년(2017). 교육과정-수업-평가-기록 일체화. 서울: 에듀니티.

김덕년, 강민서, 박병두, 김진영, 최우성, 연현정, 전소영(2018). 배움을 확인하고 성장을 지원하는 과정중심평가. 서울:교육과실천.

김성훈(2001). 학업성취 평가결과 정보의 유형과 교육적 의의. 교육평가연구, 14(2), 1-15.

김순남(2020). 과정 중심 평가 개념 분석 및 적용 방안 탐색. 교육문화연구, 26(5), 317-334.

김승호(2019). 과정중심평가를 불안하게 보는 이유. 교육을 바꾸는 사람들 〈공교육 희망 칼럼〉(2019.2.20.),(https://21erick.org/column/770).

김재춘, 설현수, 손종현, 신병찬(2005). 교사별 학생 방안 연구. 정책연구과제 2005-지정-37.

김종철(2011). 교육인가 사육인가. 서울: 21세기북스.

김성훈(2005). 인지모형에 근거한 학생의 지식상태 진단: 규칙장이론(Rule-space theory)의 적용. 교육학연구, 43(1), 81-107.

김현수(2020). 코로나로 아이들이 잃은 것들. 서울:Denstory.

김회용, 노재화, 방선욱, 송선희, 신붕섭, 이병석(2014). 교육학개론, 서울: 양서원.

박은아, 박선화, 손민정, 이채희, 서민희, 김지영(2013). 성취평가제의 고등학교 적용 방안. 한국교육과정평가원 연구보고, RRE 2013-9.

박정(2017). 수업에서 학생 평가 의미 탐색. 교육평가연구, 30(3), 397-413.

박준형, 손동빈, 양형진, 정병훈, 전동열, 조기숙, 조성범, 최경실(2012). 아이를 살리는 교육: 대한민국 교육혁신의 방법, 서울: 지식공작소.

박지현, 진경애, 김수진, 이상아(2018). 과정 중심 평가 내실화 방안 연구. 한국교육과정평가원 연구보고 ORM 2018-49.

반재천, 김선, 박정, 김희경(2018b). 교사별 과정 중심 평가에 대한 교사의 인식. 교육과정평가연구, 21(3), 105-130.

반재천, 김선, 박정, 김희경, 이해선(2018a). 2015 개정교육과정에 따른 교사별 과정중심평가 활성화를 위한 학생평가모형 개발연구. 교육부.

부재율, 정민수(2020). 교육평가 콘서트, 배움을 디자인하다. 서울:행복한미래.

서주희(2022). IB 교육프로그램의 국내 공교육 도입 관련 담론분석. 연세대학교 석사학위논문.

성기선(2023). 2028 대입제도 시안, 무엇이 문제인가?, 교육언론 창 기사글, 2023.10.10.
(https://www.educhang.co.kr/news/articleView.html?idxno=1054)

성태제(2006). 교육평가체제 발전방향: 개인화 종합평가시스템. 한국교육과정평가원 개원 8주년 기념 국제학술세미나 자료집, pp.26-36.

소경희(2024). 교육과정의 이해. 서울: 교육과학사.
손승남, 신창호, 김희봉(2019). 교육철학 및 교육사. 서울:학지사.
신혜진, 안소연, 김유원(2017). 과정 중심 평가 활용의 정책적 분석. 교육과정평가연구, 20(2), 135-162.
염유식, 김경미(2017). 한국 어린이·청소년 행복지수: 국제비교연구조사 결과보고서. 한국방정환재단.
옥현진(2013). 문식성 재개념화와 새로운 문식성 교수·학습을 위한 방향 탐색. 청람어문교육, 47, 61-86.
유영식(2017). 교육과정-수업-평가를 일체화하는 과정중심평가. 서울:테크빌교육(주).
이경화, 강현영, 고은성, 이동환, 신보미, 이환철, 김선희(2016). 과정 중심 평가의 실행을 위한 방향 탐색. 수학교육학연구, 26(4), 819-834.
이기명(2021). IB의 국내 공교육 도입 추진 쟁점 분석. 학습자중심교과교육연구, 21(10), 59-79.
이순영(2024). 우리나라 중등학생의 문해력 실태. 고려대학교 교육신문 3월호 교육과 이슈 기고문.
이홍우(2009). 교육의 개념. 서울: 문음사.
임소현, 김은영, 백승주, 황은희, 황준성, 김흥주(2017). 한국교육개발원 교육여론 조사(KEDI POLL 2017), 한국교육개발원 연구보고 RR 2017-13.
정범모(1976). 교육과 교육학. 서울: 배영사.
정범모(2009). 교육의 향방. 서울: 교육과학사.
제민경(2015). 장르 문법 교육 내용 연구. 서울대학교 국어교육과 교육학 박사학위 논문.
제민경(2024). 발달적 관점에서의 문해력 교육 실행 방향 -초등학교 교육 방향을 중심으로. 국어교육, 184, 35-71.
한국교육과정평가원(2018a). 과정중심평가 내실화를 위한 교사의 평가 전문성 신장 방안 연구. 연구보고 RRE 2018-5.
한국교육과정평가원(2018b). 과정중심평가 적용에 따른 학교수준 학생평가 체제개선방안. KICE 이슈페이퍼 ORM 2018-39-7.

허경철(2018). 학교의 '본연적 기능'은 무엇인가?. 에듀인뉴스 기고 (2018.9.6.). (https://www.eduinnews.co.kr/news/articleView.html?idxno=7003).

홍영일(2022). 국제바칼로레아(IB) 국내 도입의 장점과 문제점. 교육정책이슈와 전망.

홍원표(2019). IB 디플로마 프로그램(DP)의 공교육 도입 담론에 대한 비판적 검토. 교육과정연구, 37(3). 199-222.

황규호, 한유경, 김안나, 서경혜, 김남희, 오인수, 정제영, 이선복, 조경은, 김경희(2020). 교육쟁점으로 풀어쓴 교육학개론. 서울: 이화여자대학교출판문화원.

황순길, 김동민, 강태훈, 손재환, 김지혜(2016). 전국 청소년 위기실태 및 위기 결과 분석. 청소년복지연구, 18(4), 47-70.

International Baccalaureate Organization(2020), What is an IB education?., International Baccalaureate Organization(UK) Ltd, Peterson House, Cardiff, Wales(한국어 번역본 'IB 교육이란 무엇인가?' 발행).

McMillan, J. H.(2018). Classroom Assessment: Principles And Practice that Enhance Student Learning and Motivation., 7h edition. Boston: Pearson/ Allyn & Bacon, Inc.

Peters, R. S.(1966). *Ethics and Education*. London: George Allen & Unwin.

Reimer, E.(1987). School is dead: An Essay on Alternatives in Education. 학교는 죽었다(김석원 역). 서울:한마당(원전은 1971년에 출판).

Young, M.(2010). The future of education in a knowledge society: The radical case for a subject-based curriculum. Pacific-Asian Education, 22(1), 21-32.

저자 소개

구 원 회

성균관대학교 사범대학 교육학과 및 동 대학원 졸업(교육학 박사)

청주교대 교육연구원 전임연구원

인제대학교 교육대학원 교육학과 교수

교육평가의 탐구❷ 교육평가의 확장

2024년 12월 23일 초판 인쇄
2024년 12월 26일 초판 발행

저 자 구원회
발행자 오동석

발행처 강현출판사
주 소 경기도 의정부시 가능로 156.201호
전 화 010.5712.9630
등 록 2007년 5월 21일(제307-2007-29호)
E-mail oods1205@hanmail.net

♧잘못된 책은 교환해 드립니다.

ISBN 978-89-94320-00-7 93370